SERVUS BAYERN

So schmeckt's dahoam

ACHTUNG,
DIALEKT-
ALARM!
KEINE ANGST VORM
BAIRISCHEN.

MONIKA SCHUSTER | ANNA CAVELIUS

SERVUS BAYERN

So schmeckt's dahoam

INHALTSVERZEICHNIS

Weil man in Bayern am liebsten unterm freien Himmel isst, gibt's fürs Brotzeitkörberl alles, was das Herz begehrt – von Wurscht- über Radieserlsalat bis hin zur Bratensulz. Auf geht's in den nächsten Biergarten, wo a frisch zapfte Mass wartet!

Was gibt's heut' Mittag? Ob a hoaße Rindsbriah oder a rescher Schweinsbratn auf den Mittagstisch kommt – was die Bayerin daheim in ihrer Kuchl aufkocht, kon se seng lossn, schmeckt einfach immer. Und ist so vor allem in keinem Wirtshaus dieser Welt zu bekommen ...

FREITAGSKUCHL SEITE 98-127

Katholisch ist er, der Bayer, und deshalb kommt Fleisch am Freitag – seinem Bußtag – nicht auf den Tisch. Des duad eahm aba gar nix, denn ein gschmackiger Fisch oder eine Dampfnudel schmecken ihm genauso guad.

RESTERLKUCHL SEITE 128-147

Heid samma Noagalzuzla und Resterlessa! Alles klar? Also, der letzte Rest im Maßkrug ist das Noagal, der's trinkt ist der Noagalzuzla. Der Schweinsbratn vom Vortag ist a Resterl, und der's im Bauernschmaus-Pfandl isst, ist da Resterlessa.

GANZ SCHEE AUFBREZLT SEITE 148-213

Die Feiertage sind schon was Bsonders in Bayern. Die Madl und Buam brezln sich auf, ziehen sich hübsch an, damit sie fesch aussehen – und auch in der Kuchl geht's ganz schön fein zu.

SIASS WIE IM HIMME SEITE 214-235

... schmecken die Lieblingsstückerl der Bayern. Ob morgens a Zwickte, nachmittags an Orkanbeutel oder abends noch a scheene Stamperlcreme – ohne wos Siass geht gar nix.

AUF GEHT'S ZUM GIPFEL DES GENUSSES!

Die bayrische Küche kommt – wie der Bayer an sich – vielleicht a bisserl derb, hantig und deftig daher. Wer aber glaubt, sie besteht nur aus Schweinshaxn und Knödel, hod si schwer deischt. Mit diesem Gerücht ist nun endgültig Schluss! Entdecken Sie auf dem Weg zum Gipfel der bayrischen Kochkunst all ihre einzigartigen himmlischen Genüsse! Die Gerichte sind schlicht-elegant, meist einfach, ausnehmend ehrlich, bodenständig und geschmackvoll – immer aber vom Feinsten.

Bayerns Küche steckt voller Traditionen, auf die man besonders stolz ist und wie den eigenen Augapfel pflegt und hegt. Nichts soll vergessen werden. Ein sehr schönes Beispiel ist sicherlich der Münchner Kocherlball, auf dem es mittlerweile stets heiß hergeht. Man trifft sich an einem Sommermorgen am Chinesischen Turm im Englischen Garten und gedenkt aller Dienstboten – von der Küchenmagd über den Koch bis hin zum Stallburschen –, die sich Ende des 19. Jahrhunderts dort jeden Sonntag in aller Herrgottsfrüh versammelten, bevor es dann wieder an die harte Arbeit ging. Ma hod mitnand gratscht, danzt, busselt und gessn. Fui hods zwar ned gern, aber aus dem Wenigen hat man alles rausgeholt. So sans die Bayern, aus Nix was macha!

Bayern ist einfach Kult, und das nicht nur zur Wiesnzeit! Die heimischen Rezepte aus vergangenen Zeiten und für die unterschiedlichsten Anlässe sind daher moderner denn je. Und sie stecken alle drin in unserm »gut geschnürten Rucksackl«, der jeden mühelos auf Bayerns kulinarische Gipfel führt – Einheimische, Zuagroaste und alle, die Bayern einfach gern meng. Was man dazu allerdings noch braucht, sind ordentliche Produkte vom Land wie gsunde Viecher, die sich bei der guaden bayrischen Luft sauwohl fühlen, und aromatische Gemüse und Kräuter, die in unserm bärigen Boden einfach super gedeihen.

So, und jetzt liegt's an Euch auf die kulinarische Wanderung zu gehen und ungeahnte Höhen zu erklimmen. Mir san uns sicher, Ihr schaffts des. A wenn's manchmal a bisserl fuchst, gebts ned auf, probierts es no a moi, denn nur durchs Kocha wird ma guad. Mir daden uns auf jeden Fall gfrein, wenns oben aufn Gipfel okemmts und schreits: »Die boarische Kich taugt ma und schmeckt einfach sauguad!«

OHNE DES GEHT'S NED

DAS WICHTIGSTE FÜR DIE KÜCHE

Radi-
schneider
Sieb
Vierkantreibe
Kartoffelreibe
Muskatnussreibe
Einweg-
passiertuch
(ersatzweise ein
Küchentuch
nehmen)
Butter
Butterschmalz
Schweine-
schmalz
Piment-
körner
Kümmelsamen
und gemahlener
Kümmel
Walcholder-
beeren
Aa no guad:
Bratreine
Pürierstab
Mörser
Nelken, Fenchelsamen
schwarze Pfefferkörner
Korianderkörner
Muskatnüsse
250 GRAMM
GARANTIERT REINES
Schweine-
Fett

BROTZEIT IST DIE SCHEENSTE ZEIT

Weil man in Bayern am liebsten unterm freien Himmel isst, gibt's fürs Brotzeitkörberl alles, was das Herz begehrt – von Wurscht- über Radieserl-salat bis hin zur Bratensulz. Auf geht's in den nächsten Biergarten, wo a frisch zapfte Mass wartet!

Brezen
Bauernbrot
Butter
Tischdecke, Servietten
Brettchen und/oder Teller
Besteck, Brotmesser
Salz, Pfeffer

BROTZEITKÖRBERL

DES IS OIS DRIN

Käse, Wurst
deftig Geräuchertes
Tomaten

Schnittlauch (frisch geschnitten)
Rettich (in dünnen Scheiben und gesalzen)
Radieschen

... und natürlich die Schmankerl
auf den nächsten Seiten

WAS FLÜSSIG IST, BRICHT KEIN FASTEN.

So lautete die fromme Regel. Kein Wunder also, dass die Kunst des Bierbrauens im frühen Mittelalter besonders in den bayrischen Klöstern kultiviert wurde, denn das Beten und Arbeiten (lat. orare und laborare) sowie die Fastenzeiten dazwischen waren recht hart. Also arbeiteten die Mönche mit christlichem Eifer an der Verfeinerung ihres Fastengetränks. Das kräftig gebraute Bier, das dabei herauskam, tat gut und nährte die darbenden Ordensbrüder, damit sie auch weiterhin beten und arbeiten konnten. Außerdem wirkte es zweifellos stimmungsaufhellend. Jeder Bruder erhielt schließlich fünf Zumessungen täglich. Und eine Zumessung, aus der später die bayrische Maß wurde, entsprach immerhin ein bis zwei Litern des köstlichen Gebräus. Dass der Bayer bis heute gut und sehr gerne seinem Bier zuspricht, hat damit eindeutig spirituelle Wurzeln und kann als im bayrisch-katholischen Erbgut verankert gesehen werden.

OANS, ZWOA, GSUFFA!

Die offizielle Geburtsstunde der Braukunst in Bayern schlug im Jahr 1040, als die Stadt Freising der Benediktiner-Klosterbrauerei in Weihenstephan das Brau- und Schankrecht erteilte. Auch in München waren es vor allem die Klöster, die um die hundert Jahre nach Gründung der Stadt 1158 professionell Bier brauten. Das Bier der Mönche genoss einen ausgezeichneten Ruf, denn nirgendwo anders widmete man sich so inbrünstig der Bierherstellung.

Damit auch andere vom Geschäft mit dem Gerstensaft profitieren konnten, setzte Herzog Stephan II. im Jahr 1372 die Brauverfassung ein. Von dem Zeitpunkt an konnte jedermann gegen eine Gebühr die »Braugerechtigkeit« erwerben. Das tat der Qualität des Bieres allerdings nicht immer gut. Denn man setzte dem Sud oft so allerlei Haltbarmachendes hinzu, was nicht nur recht grauslig schmeckte, sondern auch zu bewusstseinserweiternden oder anderweitigen Nebenwirkungen führte, was man von dem sauber und mönchisch gebrauten Bier wahrlich nicht behaupten konnte. Von Wacholder, Bilsenkraut und Lorbeer über Wermut und Mohnsaft bis hin zu Asche und Ochsengalle war die Rede. Um die Qualität und den Ruf seines bayrischen Biers zu schützen, erließ letztlich Herzog Wilhelm IV. von Bayern im Jahr 1516 das Bayrische Reinheitsgebot. Bayrisches Bier, das den Namen auch verdiente, bestand von nun an nur aus Gerste, Hopfen und Wasser.

Noch bis heute behandelt der Bayer sein Bier als Grundnahrungsmittel und geht bei dessen Wahl so gut wie keine Kompromisse ein. Hat er einmal das Seine gefunden – teilweise ist das auch erblich bedingt –, sucht er ausschließlich Wirtschaften auf, die sein Bier ausschenken. Dass man in Bayern bis zu diesem Tage auf die spirituellen Wurzeln des Biers stolz ist, kann man sich in München alljährlich auf dem größten Bierfest der Welt in Form eines 16-tägigen Ausnahmezustandes anschauen. Dann heißt es für alle Dirndl und Mannsbuider – auch die aus Japan, Australien und Neuseeland: »Oans, zwoa, gsuffa!«

Schon bei den ersten Sonnenstrahlen sind die Bayern draußen im Biergarten. Die meisten nehmen sich dorthin ihr Essen selbst mit – und da dürfen die eingelegten Wurschtradln oder der saure Presssack nicht fehlen. Kaufen kann man beides zwar neben diversen anderen Brotzeitschmankerl auch in den Verkaufsbuden, aber Selbstgemachtes schmeckt halt doch am besten.

WURSCHTSALAT

EINFACH UND GUAD

ZUTATEN FÜR 4 PERSONEN:

150 g Essiggurken (aus dem Glas, samt 300 ml Gurkensud)
1 rote Zwiebel
2 EL Branntweinessig
100 ml Gemüsebrühe
1 TL mittelscharfer Senf
1 TL Zucker
Salz | schwarzer Pfeffer aus der Mühle
8 EL Pflanzenöl
500 g Regensburger oder Lyoner (Fleischwurst)
1 Bund Schnittlauch

SO LANG DAUERT'S: ca. 20 Min.
DURCHZIEHEN: ca. 1 Std.
PRO PORTION: ca. 595 kcal | 16 g E | 58 g F | 4 g KH

1 Die Gurken in dünne Scheiben schneiden. Die Zwiebel schälen, halbieren und in dünne Streifen schneiden. Gurkensud, Essig, Brühe, Senf und Zucker in einer Schüssel mit einem Schneebesen verrühren. Mit Salz und Pfeffer würzen. Gurken und Zwiebeln zu der Marinade geben und gut miteinander vermischen, zum Schluss das Öl einrühren. Alles nochmals durchmischen, mit Salz und Pfeffer abschmecken.

2 Regensburger oder Lyoner häuten und in dünne Scheiben oder Streifen schneiden. Die Wurst unter die Marinade mischen, mind. 1 Std. ziehen lassen.

3 Den Schnittlauch abbrausen, trocken schütteln und in feine Röllchen schneiden. Den Wurschtsalat mit etwas Marinade in tiefen Tellern anrichten, mit Schnittlauch bestreuen. Mit Brezen oder dunklem Bauernbrot mit Butter servieren.

SAURER PRESSSACK »ROT-WEISS«

BÄUERLICH UND WÜRZIG

ZUTATEN FÜR 4 PERSONEN:

je 4 Scheiben roter und weißer Presssack (je 100 g schwer und ca. 1 cm dick)
200 ml Rindsbriah (S. 52, ersatzweise fertige Rinderbrühe)
4 EL Branntweinessig
1 TL Zucker
Salz | schwarzer Pfeffer aus der Mühle
4 EL Pflanzenöl
je 1 große rote und weiße Zwiebel

SO LANG DAUERT'S: ca. 10 Min.
DURCHZIEHEN: ca. 30 Min.
PRO PORTION: ca. 310 kcal | 16 g E | 24 g F | 5 g KH

1 Die Presssackscheiben falls nötig von Häuten oder Därmen befreien. Je 1 rote und weiße Scheibe in einen tiefen Teller legen.

2 Die Rindsbriah lauwarm erhitzen, mit Essig, Zucker, Salz und Pfeffer in einer Schüssel verrühren. Die Marinade ca. 5 Min. stehen lassen, bis sich die Gewürze gelöst haben, dann das Öl unterschlagen.

3 Die Zwiebeln schälen, in möglichst feine Ringe schneiden oder hobeln und auf dem Presssack verteilen – die weißen Zwiebeln auf dem roten Presssack, die roten Zwiebeln auf dem weißen Presssack. Je ca. 7 EL Marinade darüber verteilen, mind. 30 Min. ziehen lassen. Dann den Presssack mit Bauernbrot, Brezen oder Brotzeitstangerl (S. 31) servieren.

SAURER KAS

SÄUERLICH UND WÜRZIG

ZUTATEN FÜR 4 PERSONEN:

150 g Essiggurken (aus dem Glas, samt 200 ml Gurkensud)
1 große rote Zwiebel
4 EL Branntweinessig
1 TL Zucker
Salz | schwarzer Pfeffer aus der Mühle
400 g Limburger (Käse aus dem Allgäu)
200 g Handkäse (natur oder mit Edelschimmel)
3 EL Sonnenblumenöl

SO LANG DAUERT'S: ca. 15 Min.
DURCHZIEHEN: ca. 1 Std.
PRO PORTION: ca. 420 kcal | 38 g E | 28 g F | 4 g KH

1 Die Essiggurken in ½ cm große Würfel schneiden. Die Zwiebel schälen und in feine Würfel schneiden. Den Gurkensud mit Essig und Zucker verrühren, mit Salz und Pfeffer würzen. Marinade ca. 5 Min. stehen lassen, bis sich die Gewürze gelöst haben.

2 Die beiden Käsesorten in 1 cm breite Scheiben schneiden. Öl unter die Marinade rühren, Gurken- und Zwiebelwürfel dazugeben, alles nochmals durchrühren und kräftig mit Salz und Pfeffer abschmecken.

3 In eine flache Form (ca. 18 x 30 cm) 2–3 EL Marinade geben. Die Käsescheiben abwechselnd nebeneinander in die Form schichten. Mit der restlichen Marinade gut bedecken, mit Klarsichtfolie abdecken und mind. 1 Std. bei Raumtemperatur ziehen lassen.

GUADE TIPPS

Je länger der Käse steht, desto besser nimmt er das Aroma der Marinade an. Sie können den Käse auch schon am Vortag einlegen, dann aber die Zwiebeln weglassen und erst kurz vorm Servieren dazugeben (gerne anstatt in feinen Würfelchen in hauchdünn geschnittenen Ringen).
Ganz guad: Käsesalat mit 1–2 Prisen Kümmelsamen verfeinern. Wer nicht so gerne auf ganzen Kümmel beißt, kann auch gemahlenen verwenden.

OBAZDA

Was heißt denn Obazda eigentlich? Rein aus dem Dialekt übersetzt ist das a zamgrührte oder zamdruckte, vermantschte Masse – man hat halt was obazd. In diesem Fall an reifen, kloa gschnittnen, gehaltvollen Kas.

RASS UND CREMIG

ZUTATEN FÜR 4–6 PERSONEN:

1 kleine Zwiebel
100 g weiche Butter
120 g reifer Romadur oder Miesbacher (45 % Fett, ersatzweise ein anderer Rotschimmelkäse)
200 g reifer Tortenbrie oder Camembert
½ TL edelsüßes Paprikapulver
2 Msp. rosenscharfes Paprikapulver
1 TL Kümmelsamen
2 EL Weißbier (nach Belieben)
150 g Doppelrahm-Frischkäse
Salz | schwarzer Pfeffer aus der Mühle
1 Bund Schnittlauch

SO LANG DAUERT'S: ca. 25 Min.
DURCHZIEHEN: ca. 1 Std.
PRO PORTION (bei 6 Personen):
ca. 365 kcal | 16 g E | 33 g F | 1 g KH

1 Zwiebel schälen und in feine Würfel schneiden. 1 EL Butter in einer Pfanne schmelzen. Die Zwiebel darin unter Rühren in 5 Min. glasig und goldbraun anbraten. Vom Herd nehmen und auskühlen lassen.

2 Den Käse klein würfeln (siehe Tipps). Die übrige Butter in einer Schüssel mit den Quirlen des Handrührgeräts in 2 Min. cremig aufschlagen. Den klein geschnittenen Käse, Paprikapulver, Kümmelsamen und eventuell das Weißbier unterrühren, ganz zum Schluss auch noch den Frischkäse. Mit Salz und Pfeffer würzen. Vorsicht beim Salzen, denn die beiden Käsesorten sind schon sehr würzig.

3 Zwiebel unter den angemachten Käse rühren, abschmecken und mind. 1 Std ziehen lassen. Kurz vor dem Servieren Schnittlauch abbrausen, trocken schütteln und in feine Röllchen schneiden. Obazdn in einer Schüssel oder auf einem Brett anrichten, mit Schnittlauch bestreuen – und schmecken lassen.

GUADE TIPPS

Der Käse für den Obazdn lässt sich zimmerwarm am allerbesten verarbeiten, also unbedingt rechtzeitig aus dem Kühlschrank nehmen.
Rassige Käsesorten wie Romadur oder Miesbacher schneidet man am besten mit Einweghandschuhen und auf dem Einwickelpapier – so nehmen weder die Hände noch das Schneidebrett unangenehme Gerüche an.

ABGSCHPECKTE VARIANTE

Für 4 Personen 200 g reifen Camembert mit den Fingern grob zerzupfen und mit 200 g Doppelrahm-Frischkäse in eine Schüssel geben. Beides mit den Quirlen des Handrührgeräts in ca. 2 Min. cremig schlagen. Mit Salz, Pfeffer, 1 TL edelsüßem Paprikapulver, 1 Msp. gemahlenem Kümmel und 1 Prise Zucker abschmecken. Den »leichten« Obazdn in 2 Schraubgläser (je 200 ml) füllen, gut verschließen und bis zum Sevieren in den Kühlschrank stellen. Wer möchte, kann dazu Schnittlauchröllchen oder Zwiebelwürfelchen (weiß oder rot) mit auf den Tisch stellen, damit sich jeder davon nehmen und über den Obazdn streuen kann.

2012

BIERGARTEN-SCHMANKERL

Draußen im Schatten unter den Kastanien sitzen und der Nachmittagssonne zuschauen, ob sie's durch die Blätter schafft. Das Ganze bei einer frisch gezapften Halben oder einer Maß. Beides erfrischt und legt sich tiefenentspannend aufs Gemüt, sodass es einem egal ist, mit wem man die Bank teilt. Im Biergarten gibt es die einmalige Gelegenheit, den sonst eher fremdelnden Bayern mit Menschen sprechen zu sehen, die von weit, weit her kommen – beispielsweise aus Düsseldorf, Rom oder Tokio. Das mag wohl an der Stimmung liegen, die einzig und allein über einem bayrischen Biergarten schwebt und irgendwo in einem Paralleluniversum zwischen Zen und geselligem Miteinander angesiedelt ist. Oder am gschmackigen Bier …

Zu verdanken haben die Bayern diese kastanienbaumbeschirmte, urige Garteninstitution den alteingesessenen Münchner Brauhäusern. In deren Brauordnung aus dem Jahr 1539 war festgeschrieben, dass man Bier ausschließlich zwischen den Festtagen des Heiligen Michael (29. September) und des Heiligen Georg (23. April) brauen durfte. Während der heißen Sommermonate dagegen war das Bierbrauen wegen Feuergefahr beim Sieden verboten. Damit die Kundschaft in dieser Zeit trotzdem nicht auf dem Trockenen sitzen musste, wurde das letzte Bier – das Märzenbier – etwas stärker eingebraut. So war es haltbarer, aber auch süffiger. Um ihre Vorräte über die warme Jahreszeit zu bringen, legten die Brauer neben ihren Brauhäusern Vorratskeller an. Für die Kühlung der Bierfässer sorgte man bereits im Winter vor, indem man reichlich Eis aus den umliegenden Weihern sägte und die Keller damit bestückte. Über die Gewölbe wurden dicht belaubte Kastanien gepflanzt. Die sorgten mit ihren großen Blättern für angenehm kühlen Schatten.

PROST MITNAND!

Unter diesen Bäumen fanden auch Tische und Bänke Platz – der richtige Ort für eine zünftige Brotzeit der Bierbrauer. Mit der Zeit gesellten sich Spaziergänger und Ausflügler dazu, und sie genossen ebenfalls ein Frischgezapftes gegen die Mittagshitze. Was für die Brauer ein sehr schönes Zusatzgeschäft wurde, war für die Wirte ein Affront; sie liefen Sturm. Um weiteren Entgleisungen Einhalt zu gebieten, bestimmte Bayernkönig Maximilian I. per Dekret vom 4. Januar 1812, dass die Brauereien zwar noch ihr Bier ausschenken, im Gegensatz zu den Wirtsstuben aber keine Mahlzeiten mehr anbieten durften.

Wer also seine Maß im Schatten großer Kastanienbäume genießen wollte, musste sein Essen jetzt selbst mitbringen. Allerdings waren dabei ausdrücklich nur kalte Mahlzeiten erlaubt, also eine Brotzeit aus dem eigens bestückten Korb, serviert auf einer karierten Stofftischdecke – und bloß nicht auf einer mit dem Bayern-Rautenmuster. Darauf kamen dann Holzbrettl, Radieserl und Radi, frische Butter, Leberkäs, Obazda oder Griebenschmalz. Mit diesem Arrangement hatte die offizielle Geburtsstunde des Biergartens geschlagen. Und aus den lauschigen Plätzen unter Bäumen wurden – zumindest in der Stadt – fußballfeldgroße Tummelplätze für alte und junge Freilufttrinker, Ur- und andere Bayern, Zuagroaste und Touristen, die hier in seltener und vor allem demokratischer Eintracht zusammenfinden.

SELBER GMACHTE LEBERWURSCHT

Beim Metzgerhandwerk braucht's fui Gfui für Massen, Konsistenzen und Gewürze. Dieses Leberwurscht-rezept ist aber recht einfach und ein guter Start, um das Wurstmachen mal selbst auszuprobieren.

AUFWENDIG, ABER SAUGUAD

ZUTATEN FÜR 6 GLÄSER:

400 g Zwiebeln | 3 Nelken
3 große und 6 kleine Lorbeerblätter
1 TL Wacholderbeeren | Salz
700 g Schweinebauch (wichtig: möglichst fett!)
300 g Schweineleber (sauber geputzt, beim Metzger vorbestellen)
80 g Butter | 100 g Schweineschmalz
schwarzer Pfeffer aus der Mühle
1 geh. EL Pökelsalz (20 g, beim Metzger vorbestellen)
1 TL getrockneter Majoran
½ TL Vanillezucker (nicht wundern, der nimmt der Leber den bitteren Geschmack)
1 Msp. gemahlenes Piment
frisch geriebene Muskatnuss
Sonst noch: Fleischwolf mit 4 mm Scheibe
Küchenthermometer, 6 Schraubgläser (je 200 ml)

SO LANG DAUERT'S: ca. 3 Std. 45 Min.
IM KÜHLSCHRANK: über Nacht
PRO GLAS: ca. 635 kcal | 32 g E | 55 g F | 4 g KH

1 Zwiebeln schälen, 1 halbieren, Rest klein würfeln. 3 l Wasser in einem Topf mit Zwiebelhälften, Nelken, großen Lorbeerblättern, Wacholderbeeren und 2 EL Salz aufkochen. Schweinebauch in 10 gleich große Stücke schneiden, in das Wasser einlegen und offen ca. 1 Std. 30 Min. bei geringer Hitze sieden lassen. Leber grob schneiden, abdecken und kalt stellen.

2 Inzwischen Butter in einer Pfanne schmelzen. Die Zwiebelwürfel darin bei mittlerer Hitze in ca. 18 Min. goldbraun rösten, herausnehmen, abkühlen lassen. Schmalz in der Pfanne schmelzen, salzen, pfeffern und vom Herd nehmen. Schraubgläser und Deckel in kochend heißes Wasser legen, Gläser herausnehmen und abtropfen lassen. Die Deckel im Wasser lassen.

3 Dann den Schweinebauch in ein Sieb gießen, Sud auffangen und 200 ml abmessen. Die Leber mit zwei Dritteln des Pökelsalzes einsalzen, gut umrühren und durch den Fleischwolf in eine große Schüssel drehen, dabei die Masse ständig durchrühren. Den Schweinebauch ebenfalls durchdrehen und kräftig unter die Leber rühren. Zwiebelwürfel und den Sud durch den Fleischwolf drehen und unter die Lebermasse rühren. Mit den übrigen Gewürzen und restlichem Pökelsalz würzen. 400 g Lebermasse auf zwei Schüsseln verteilen, jeweils mit einem Pürierstab fein zerkleinern und wieder unter die übrige Lebermasse rühren.

4 Die Lebermasse auf die Gläser verteilen, diese dabei mehrmals auf die Arbeitsfläche klopfen, um Luftbläschen zu entfernen. Lauwarmes Schmalz auf der Lebermasse verteilen, je 1 kleines Lorbeerblatt auflegen. Die Gläser mit den Deckeln verschließen.

5 Die Gläser in einem breiten Topf auf ein rundes Kuchengitter stellen, ca. 1,5 l lauwarmes Wasser einfüllen. Das Thermometer so mit dem Topfdeckel einklemmen, dass es gut im Wasser steckt. Alles langsam auf eine Temperatur von 80–85° erhitzen und die Lebermasse 1 Std. 30 Min. einkochen. Dann die Gläser aus dem Topf nehmen, auskühlen lassen und über Nacht kalt stellen. Die Leberwurscht ca. 30 Min. vorm Servieren aus dem Kühlschrank holen. Dazu passen Bauernbrot und Essiggurken oder Senf.

BRATERLFETT

GSCHMACKIG UND PREISWERT

ZUTATEN FÜR 4–6 PERSONEN:

1 große Gemüsezwiebel
200 g Schweinefett (z. B. das abgeschöpfte Fett von der Schweinshaxn auf S. 73)
2 Prisen Kümmelsamen
2 Prisen getrockneter Majoran
Salz | schwarzer Pfeffer aus der Mühle
einige Scheiben dunkles Bauernbrot

SO LANG DAUERT'S: ca. 20 Min.
IM KÜHLSCHRANK: über Nacht
PRO PORTION (bei 6 Personen):
ca. 415 kcal | 4 g E | 34 g F | 22 g KH

1 Zwiebel schälen und in kleine Würfel schneiden. 2 EL Schweinefett in einer Pfanne schmelzen. Darin die Zwiebel bei mittlerer Hitze in 6–7 Min. goldbraun anbraten. Noch 1 EL Fett dazugeben und die Zwiebel weitere 2 Min. rösten.

2 Dann die Zwiebel mit dem Kümmel und Majoran würzen, restliches Schweinefett dazugeben und aufkochen lassen. Temperatur zurückschalten und alles 2 Min. bei geringer Hitze ziehen lassen. Zum Schluss das Fett mit Salz und reichlich Pfeffer würzen.

3 Das heiße Fett in ein hitzebeständiges Glas oder in kleine Portionsgefäße füllen, verschließen bzw. abdecken. Das Braterlfett auskühlen lassen, dann über Nacht in den Kühlschrank stellen.

4 Zum Servieren entweder das Braterlfett dick auf die Brotscheiben streichen und auf den Tisch stellen. Oder das Brot im Körbchen und das Braterlfett im Glas oder in den Portionsgefäßen anbieten, sodass sich jeder sein Brot selbst bestreichen kann.

BRATNSULZ

Schweinsbratn aufgewärmt schmeckt nicht, dafür kalt aufgeschnitten umso besser – entweder zur Brotzeit mit frisch geriebenem Meerrettich oder wie bei diesem Rezept als Tellersulz verfeinert.

WAS FÜRS AUGE

ZUTATEN FÜR 4 PERSONEN:

3/4 l Rindsbriah (S. 52, aber ungewürzt, ersatzweise fertige Rinderbrühe)
1 Pck. Sülzenpulver (25 g, siehe Tipps)
6 EL Weißweinessig
Salz | Zucker
4 Eier (M) | 4 Essiggurken
150 g Kirschtomaten (nach Belieben)
500 g kalter Schweinsbratn (z. B. Schweinehals, S. 71, oder auch Schweinshaxn, S. 73)

SO LANG DAUERT'S: ca. 40 Min.
IM KÜHLSCHRANK: ca. 4 Std.
PRO PORTION: ca. 415 kcal | 41 g E | 22 g F | 6 g KH

1 Die Rindsbriah in einem Topf aufkochen lassen, Sülzenpulver nach Packungsanleitung verarbeiten. Den Sülzenstand mit Essig, Salz und Zucker kräftig würzen (siehe Tipps und Info), auskühlen lassen und falls nötig Schaum abschöpfen.

2 Eier in kochendes Wasser geben, darin in 10 Min. hart kochen, abgießen, kalt abschrecken, schälen und in dünne Scheiben schneiden. Die Essiggurken schräg in dünne Scheiben schneiden. Eventuell die Tomaten waschen und halbieren. Den Schweinsbratn in 8 Scheiben (ca. 1 cm dick) schneiden.

3 Vier tiefe Teller mit Braten, Eiern, Gurken und eventuell Tomaten flach auslegen, mit dem Sülzenstand begießen. Es sollte alles schön bedeckt und »untergetaucht« sein. Mit Klarsichtfolie abdecken, mind. 4 Std. kalt stellen (besser noch über Nacht).

GUADE TIPPS

Wer kein Sülzenpulver zur Hand hat, kann dafür auch 9 Blatt weiße Gelatine verwenden. Die Gelatineblätter in kaltem Wasser 5–10 Min. einweichen, leicht ausdrücken, zu der heißen Rindsbriah geben und kurz durchrühren. Die Gelatine löst sich so im Handumdrehen auf. Dann Sülzenstand wie beschrieben abschmecken und weiterverarbeiten. Das Sülzenpulver ist allerdings aromatischer, da es mit Gewürzen, Sellerie und Möhren verfeinert wurde.
Wichtig: Den Sülzenstand sollten Sie kräftig würzen, wenn nicht sogar überwürzen, also mit Essig und Gewürzen so stark abschmecken, dass einem schon fast der Atem stockt. Denn die Tellereinlagen (hier Fleisch, Eier, Gurken und Tomaten) ziehen nach dem Erkalten sehr viel Geschmack aus der Flüssigkeit.

WOS IS A SÜLZENSTAND?

Sie können herzhafte Sülzen mit Gemüse, Fleisch und Fisch zubereiten. Auch süße Sülzen schmecken hervorragend. Egal ob pikant oder zuckrig – Sie benötigen den sogenannten Sülzenstand, also eine gut abgeschmeckte Flüssigkeit, die nach dem Erkalten erstarrt. Dafür werden als Basis für herzhafte Sülzen Fisch-, Gemüse- oder Rinderbrühe verwendet, für die süße Variante bietet sich eine Mischung aus Wein oder Sekt und Läuterzucker an oder alkoholfrei Apfel-, Trauben- oder Johannisbeersaft. Die Flüssigkeit wird dann mit Sülzenpulver, Blatt- oder Pulvergelatine gebunden – sie geliert und die Sülze erhält auf diese Weise ihre typische Konsistenz. Für die vegetarische Variante können Sie als Geliermittel z. B. auch Agar-Agar (aus Algen, Reformhaus) verwenden.

BROTZEITSTANGERL

Die Bayern lassen sich gerne Semmeln und Brot (vor allem dunkles Bauernbrot) schmecken – mit oder ohne Gewürz. Die Vielfalt in der Zubereitung und Namensgebung ist groß. So gibt es Pfennigmuckerl, Sternsemmeln, Mohnstangerl und bald schon diese Brotzeitstangerl.

KNUSPRIG UND WÜRZIG

ZUTATEN FÜR 12 STÜCK:

250 g Roggenmehl (Type 997)
250 g Weizenmehl (Type 405)
½ TL Fenchelsamen
½ TL Korianderkörner
1 ½ TL Salz
1 Würfel Hefe (42 g)
1 TL Zucker
1 TL Kümmelsamen
1 gestr. TL grobes Meersalz (je nach Größe der Salzkörner ein wenig im Mörser zerkleinern)
Mehl zum Arbeiten | Backpapier

SO LANG DAUERT'S: ca. 30 Min.
RUHEN: ca. 2 Std.
IM OFEN: ca. 40 Min.
PRO STÜCK: ca. 145 kcal | 4 g E | 0 g F | 31 g KH

1 Mehl in die Schüssel der Küchenmaschine geben (ersatzweise mit Rührschüssel und Handrührgerät arbeiten). Fenchelsamen und Korianderkörner im Mörser fein zerreiben und mit dem Salz unter das Mehl mischen. Die Hefe in eine Tasse bröseln, 5 EL lauwarmes Wasser, 1 EL Mehl (von dem Mehl in der Schüssel abnehmen) und den Zucker dazugeben, verrühren. Mit 300 ml lauwarmem Wasser in die Schüssel geben, alles mit dem Knethaken verkneten – bei geringer Geschwindigkeit starten, bis sich die Zutaten gründlich verbunden haben, dann bei hoher Geschwindigkeit 5 Min. kneten. Wenig Mehl in die Schüssel geben, sodass sich der Teig vom Rand löst, und noch 1–2 Min. weiterschlagen lassen.

2 Teig aus der Schüssel auf eine leicht bemehlte Arbeitsfläche geben, mit der Hand noch 2–3 Min. durchkneten und zur Kugel formen. Schüsselboden mit Mehl einstäuben, Teigkugel einlegen, mit einem Küchentuch abdecken und 40 Min. an einem warmen Ort gehen lassen. Den Teig in der Schüssel nochmals zusammenklopfen und noch 1 Std. gehen lassen.

3 Dann zwei Backbleche mit Backpapier auslegen. Den Teig auf die bemehlte Arbeitsfläche geben, zu einer dicken Rolle formen, in 12 gleich große Stücke (ca. 70 g) teilen. Die Teigstücke zu 16–17 cm langen Stangen formen und mit Abstand nebeneinander auf die Bleche legen. Die Oberseiten mit einem Messer jeweils dreimal schräg einschneiden und die Stangerl abgedeckt weitere 20 Min. gehen lassen. Den Backofen auf 210° (Umluft 190°) vorheizen.

4 Die Stangerl dünn mit kaltem Wasser bepinseln, mit Kümmel und Meersalz bestreuen. Beide Bleche in den Ofen schieben – eines oben, eines unten – und die Brotzeitstangerl in ca. 40 Min. goldbraun und knusprig backen. Verwendet man im Ofen Ober- und Unterhitze, müssen die Bleche nach ca. 25 Min. getauscht werden, das obere kommt nach unten und umgekehrt. So werden die Stangerl gleichmäßig gebacken. Bei Umluft zirkuliert die Hitze im Ofen – daher braucht man die Bleche nicht zu verschieben.

5 Fertige Brotzeitstangerl aus dem Ofen nehmen und auf einem Kuchengitter abkühlen lassen, dann möglichst bald knusprig-frisch genießen.

ESSIGKNÖDEL MIT BERGKAS

Die bayrische Küche ist bekannt für ihre Knödel, die die idealen Begleiter für Schweinsbratn, Kirchweihganserl und Gulasch sind. Sie können aber durchaus auch solo auftrumpfen – und zwar sauer angemacht mit Bergkas und Radieserl.

SOMMERLICH UND FRISCH

ZUTATEN FÜR 4 PERSONEN:

300 ml Gemüsebrühe (fertige Brühe oder selbst gemachte, siehe rechts)
6 EL Weißweinessig
1½ TL Zucker
Salz | schwarzer Pfeffer aus der Mühle
6 EL Pflanzenöl
500 g kalte Semmel- oder Serviettenknödel (S. 89 oder 90)
200 g milder Bergkäse (in dünnen Scheiben)
½ Bund Radieschen
1 Bund Schnittlauch

SO LANG DAUERT'S: ca. 20 Min.
PRO PORTION: ca. 610 kcal | 24 g E | 38 g F | 42 g KH

1 Die Gemüsebrühe lauwarm erhitzen, mit Essig, Zucker, Salz und Pfeffer in einer Schüssel verrühren. Die Marinade ca. 5 Min. stehen lassen, bis sich die Gewürze gelöst haben, dann das Öl unterschlagen.

2 Inzwischen die Knödel in ½ cm dicke Scheiben schneiden und in eine flache Schale legen. Käse in ca. 1 cm breite Streifen schneiden. Die Radieschen waschen, putzen und in dünne Scheiben schneiden oder hobeln. Radieschen und Käse auf den Knödelscheiben verteilen, mit der Marinade begießen, vorsichtig durchmengen und ca. 5 Min. ziehen lassen.

3 Den Schnittlauch abbrausen, trocken schütteln, in feine Röllchen schneiden und kurz vor dem Servieren über den Knödelsalat streuen.

VIELSEITIG EINSETZBAR: A SELBER GMACHTE GMIASBRIAH

Für 2 l Basis-Gemüsebrühe 150 g Zwiebeln, 150 g Knollensellerie, 200 g Staudensellerie, 200 g Möhren, 100 g Petersilienwurzeln und 200 g Tomaten waschen oder schälen, putzen und grob würfeln. 1 Knoblauchzehe schälen und halbieren. 1 Stück Lauch (ca. 100 g) der Länge nach einschneiden und gut waschen. 2 EL Olivenöl in einem breiten Topf erhitzen und darin Zwiebeln, Knollensellerie, Möhren und Petersilienwurzeln ca. 5 Min. anschwitzen, mit 2 Prisen Salz würzen. Staudensellerie, Tomaten, Knoblauch und 1 EL getrocknete Champignons dazugeben, mit 2,5 l Wasser aufgießen und aufkochen lassen. Sud bei geringer Hitze ca. 45 Min. sanft köcheln lassen. Jetzt einige Petersilienstängel abbrausen und mit Lauch, ½ TL Wacholderbeeren, 1 TL schwarzen Pfefferkörnern, 2 Lorbeerblättern und ½ TL Pimentkörnern einlegen und weitere 45 Min. kochen. Dann die Gemüsebrühe durch ein feines Sieb (am besten mit einem feuchten Passier- oder Küchentuch ausgelegt) gießen, Brühe auffangen, Gemüse wegwerfen. Gemüsebrühe gleich weiterverarbeiten oder heiß in gründlich gesäuberte Schraubgläser füllen, gut verschließen, auf den Kopf stellen und auskühlen lassen. Man kann die Brühe aber auch problemlos in gefriertaugliche Behälter füllen und einfrieren.

FLEISCHPFLANZERL

Ein Fleischpflanzerl sollte locker, aromatisch, saftig und resch sein: Die eingeweichten Semmeln machen sie locker, Aroma schaffen Senf und Gewürze, saftig und resch werden sie durchs richtige Braten.

UNWIDERSTEHLICH OB WARM ODER KALT

ZUTATEN FÜR 4 PERSONEN:

2 altbackene helle Semmeln (ca. 100 g)
150 ml Milch
1 große Zwiebel
1 kleine Knoblauchzehe
6–8 Stängel glatte Petersilie
2 EL Butter
Salz | 2 Eier (L)
500 g gemischtes Hackfleisch (Schwein und Rind)
1 EL mittelscharfer Senf
1 EL grobkörniger Senf
2 EL Semmelbrösel
schwarzer Pfeffer aus der Mühle
2 Msp. Cayennepfeffer
2 EL Butterschmalz

SO LANG DAUERT'S: ca. 30 Min.
QUELLEN: ca. 10 Min.
IM OFEN: ca. 20 Min.
PRO PORTION: ca. 570 kcal | 33 g E | 39 g F | 21 g KH

1 Die Semmeln in 1 cm große Würfel schneiden und in eine Schüssel geben. Die Milch lauwarm erhitzen und gleichmäßig über die Semmeln gießen. Zwiebel und Knoblauch schälen und fein würfeln. Petersilie abbrausen und trocken schütteln, die Blättchen abzupfen und nicht zu fein hacken.

2 Die Butter in einem kleinen Topf aufschäumen lassen, ein Backblech mit wenig Butter einpinseln. In der übrigen Butter die Zwiebeln und den Knoblauch bei geringer Hitze in ca. 5 Min. glasig dünsten, leicht salzen und auskühlen lassen.

3 Die eingeweichten Semmeln mit Eiern, Zwiebel, Knoblauch, Petersilie, Hackfleisch, den beiden Senfsorten und den Semmelbröseln gut durchmischen. Mit Salz, Pfeffer und Cayennepfeffer abschmecken. Die Hackmasse 10 Min. quellen lassen.

4 Den Backofen auf 140° C (Umluft 120°) vorheizen. Die Hackmasse in 12 gleich große Portionen teilen. Jede Portion mit angefeuchteten Händen zur Kugel formen und etwas flach drücken.

5 Butterschmalz in einer großen Pfanne schmelzen. Fleischpflanzerl einlegen und in 2 Min. bei mittlerer Hitze goldbraun anbraten, wenden und und auch die andere Seite in 2 Min. goldbraun braten. Die Fleischpflanzerl aus der Pfanne auf das Blech setzen, in den Ofen schieben (Mitte) und in 20 Min. fertig garen.

6 Die Pflanzerl aus dem Ofen nehmen und auf vorgewärmten Tellern servieren. Als Beilage eignet sich Kartoffelsalat (S. 44/45).

GUADE TIPPS

Gart man die Fleischpflanzerl im Ofen fertig, bleiben sie schön saftig. Natürlich kann man sie aber auch nur in der Pfanne braten: Die Pflanzerl einfach wie beschrieben anbraten, dann bei geringer Hitze abgedeckt in 15 Min. fertig braten, dabei immer wieder mal wenden.
Noch feiner und »eleganter« schmecken die Pflanzerl mit Kalbshackfleisch. Und falls noch selbst gemachte Bratensauce zur Hand ist (z.B. vom Schweinsbratn oder der dunklen Soss, S. 71 und 76), werden die schlichten Pflanzerl zu einem wahren Festmahl.

TATAR MIT SCHNITTLAUCHBROT

Früher wurde das rohe, durchgedrehte Rindfleisch einfach in der Mitte eines Tellers platziert, ein Eigelb daraufgesetzt und mit Zwiebeln und Essiggurken dekoriert. So sah man das frische Fleisch und jeder konnte sich sein Tatar ganz nach eigenem Geschmack selbst am Tisch anmachen. Bei uns gibt's eine extrafeine Variante – fix und fertig zum Genießen.

EXTRAVAGANT UND PIKANT
ZUTATEN FÜR 4 PERSONEN:
Für das Tatar:
2 Schalotten
3 Sardellenfilets (in Öl)
1 TL Kapern (in der Lake)
2 Essiggurken
500 g Rindertatar (frisch vom Metzger durch den Fleischwolf gedreht)
2 Eigelb (M)
1 TL mittelscharfer Senf
1 TL scharfer Senf
einige Spritzer Tabasco
Salz | schwarzer Pfeffer aus der Mühle
Für die Schnittlauchbrote:
1–2 Bund Schnittlauch
4–8 Scheiben Bauernbrot (je nach Größe)
Butter zum Bestreichen

SO LANG DAUERT'S: ca. 15 Min.
PRO PORTION: ca. 550 kcal | 37 g E | 29 g F | 35 g KH

1 Für das Tatar die Schalotten schälen und in feine Würfel schneiden. Die Sardellenfilets abbrausen, gut trocken tupfen und fein hacken. Die Kapern ebenfalls gut trocken tupfen und fein hacken. Die Essiggurken in kleine Würfel schneiden.

2 Rindertatar in eine Schüssel geben. Schalotten, Sardellen, Kapern, Essiggurken, Eigelbe und beide Senfsorten dazugeben, alles vorsichtig vermengen. Mit Tabasco, Salz und Pfeffer pikant abschmecken.

3 Für die Brote den Schnittlauch abbrausen, trocken schütteln und in feine Röllchen schneiden. Schnittlauch gleichmäßig auf einem flachen Teller verteilen. Die Brotscheiben dick mit der Butter bestreichen und je nach Größe ganz lassen oder halbieren, mit der Butterseite in den Schnittlauch drücken.

4 Das Rindertatar auf Tellern anrichten, die Schnittlauchbrote dazulegen. Servieren.

SO GEHT'S AA: ROSA GEBRATENES STEAK-TATAR

Das angemachte Tatar mit angefeuchteten Händen zu 8 gleich großen Kugeln drehen, etwas flach drücken und zu Steaks formen. In zwei großen Pfannen je 2 EL Pflanzenöl erhitzen. Jeweils je 4 Steaks einlegen, bei mittlerer Hitze 2 Min. braten, wenden, 1 Min. braten. Die Pfanne vom Herd nehmen und die Steaks darin noch 1 Min. »rosa« nachziehen lassen. Dazu passen Butterkartoffeln, angemachter Blattsalat und goldbraun geröstete Zwiebelringe.

GUADE TIPPS

Für Rindertatar – auch Schabefleisch genannt – wird ganz mageres, sehnenarmes Fleisch verwendet, etwa Rinderfilet. Feinschmecker drehen das Fleisch nicht durch den Wolf, sondern schneiden es mit einem scharfen Messer in möglichst feine Würfel.
Senf, Tabasco, Salz und Pfeffer verleihen dem Tatar seine Grundwürze. Wer es geschmacklich abrunden mag, gibt noch 2 EL Tomatenketchup und einige Spritzer Worcestersauce mit dazu.

0,5l
rastal

0,5 l
rastal

AUFPASST, WEISSWIASCHT GIBT'S!

Wenn's um die Wurscht geht, hat das bayrische Metzgerhandwerk eine schier unvergleichliche Sortenvielfalt zu bieten. Die berühmteste Bayernwurscht entstand – so erzählt die Geschichte – passenderweise im Gasthaus zum »Ewigen Licht« am Münchner Marienplatz. Dabei war die Weißwurscht (Plural: Weißwiascht) eigentlich eher Ergebnis eines Betriebsunfalls in der Wurstküche vom Moser Joseph. Am Faschingssonntag im Jahr 1857 drehte selbiger wie gewohnt in der Früh seine guten Kalbsbratwürste, um nach kurzer Zeit festzustellen, dass ihm die Schafssaitlinge ausgegangen waren. In der Not – die ersten Gäste machten sich schon bemerkbar – füllte er das Brät einfach in Schweinedärme, drehte diese ab und brühte seine Würste in heißem Wasser. Die Weißwurscht wurde ein voller Erfolg, eroberte von München aus Bayern – und machte aus der Mainlinie den nach ihr benannten Äquator, jenseits dessen für den Bayern das Ausland beginnt.

Vermeintlich soll die Münchner Weißwurst sogar noch älter sein als die Erfindung vom Moser-Wirt. Ein Stich aus dem Jahr 1814 zeigt ein paar Münchner im Bockkeller beim Weißwiaschtzuzeln, eine sehr ursprüngliche Form des Weißwurst-Genusses: Dabei wird die Wurst unter Zuhilfenahme der Zähne nach und nach aus der Wursthaut »gezogen« (gezuzelt). Der amtierende, mehrfach preisgekrönte Weißwurstkönig kommt übrigens aus Baden-Württemberg, ist aber immerhin Mitglied der »Schutzgemeinschaft Münchner Weißwurst«.

SCHLUSS IS, ZWÖLFE HOD'S GLITTEN

Die Regel, dass die Weißwurst das Zwölf-Uhr-Läuten nicht erleben darf, stammt aus der Zeit, als man sie kurz nach der Herstellung brühen musste, damit sie mangels moderner Kühltechnik nicht verdarb. Heute werden dank des Kühlschranks (und Konservierungsstoffen) Ausnahmen toleriert. Vor dem Servieren lässt man die Weißwurst in heißem Wasser ziehen und isst sie warm und – immer! – ohne Haut.

Für den korrekten Weißwurstverzehr stehen neben dem Zuzeln verschiedene Techniken zu Gebote. Für Einsteiger geeignet ist der »Längsschnitt«, bei dem die Wurst der Länge nach halbiert wird, ohne sie jedoch ganz zu zerteilen. Dann klappt man sie auseinander und dreht das Brät heraus. Der »Kreuzschnitt« ist eine Variante für eher feinmotorisch Begabte: Man fixiert die Wurst mit der Gabel und schneidet sie etwa vier Zentimeter vor einem der Enden schräg ein. Dann sticht man ins kürzere Wurstende und dreht die »Füllung« heraus. So geht es nun bestenfalls im Zickzackmuster weiter. Dazu gibt es süßen Senf, frische Brezen und ein Weißbier. So, und nur so macht eine Weißwurst glücklich und bereitet zugleich einen friedvollen Tagesausklang vor. Denn: »Wer morgens Weißwürste isst, rauft abends nicht!«

Radi und Radieserl gibt es große und kleine, längliche und runde, rote, weiße und zweifarbige. Gerne isst man diese leicht scharfen Wurzeln kalt als Salat oder Rohkost. Dabei brauchen die gesunden Vitaminbomben unbedingt Salz für den guten Geschmack.

RADIESERLSALAT

SOMMERLICH UND FRISCH
ZUTATEN FÜR 4 PERSONEN:
2 Bund Radieschen (je ca. 350 g)
Salz
4 EL Weißweinessig
1 TL brauner Zucker
4 EL Pflanzenöl
1 kleines Bund Schnittlauch

SO LANG DAUERT'S: ca. 15 Min.
DURCHZIEHEN: ca. 35 Min.
PRO PORTION: ca. 115 kcal | 2 g E | 10 g F | 4 g KH

1 Die Radieschen waschen, Wurzeln und Grün abschneiden. Radieschen in feine Scheiben schneiden oder hobeln, in eine Schüssel geben, salzen, durchmischen und knapp 20 Min. ziehen lassen.

2 Den Weißweinessig mit dem Zucker verrühren, kurz stehen lassen und dann das Öl unterschlagen. Die Radieschen in ein Sieb geben, abtropfen lassen und mit dem Dressing vermischen, weitere 15 Min. ziehen lassen.

3 Den Schnittlauch abbrausen, trocken schütteln und in feine Röllchen schneiden. Kurz vorm Servieren den Schnittlauch unter die Radieschen mischen und den Salat abschmecken.

RADISALAT

BAYRISCHER SCHARFMACHER
ZUTATEN FÜR 4 PERSONEN:
2 Rettiche (je ca. 450 g)
Salz
2 EL Branntweinessig
2 EL Weißweinessig
1 Prise Zucker
schwarzer Pfeffer aus der Mühle
4 EL Sonnenblumenöl
2 Stängel glatte Petersilie (nach Belieben)

SO LANG DAUERT'S: ca. 15 Min.
DURCHZIEHEN: ca. 35 Min.
PRO PORTION: ca. 120 kcal | 2 g E | 10 g F | 5 g KH

1 Die Rettiche von Wurzeln und Grün befreien und schälen. Rettiche in feine Streifen schneiden oder hobeln, in eine Schüssel geben, salzen, gut durchmischen und knapp 20 Min. ziehen lassen.

2 Beide Essigsorten mit dem Zucker und Pfeffer verrühren, kurz stehen lassen und dann das Öl unterschlagen. Die Rettiche in ein Sieb geben, abtropfen lassen und mit dem Dressing vermischen, weitere 15 Min. ziehen lassen.

3 Eventuell die Petersilie abbrausen und trocken schütteln, Blättchen abzupfen und klein schneiden. Den Radisalat abschmecken, nach Belieben mit der Petersilie verfeinern und servieren.

KARTOFFEL-ENDIVIEN-SALAT

FEINWÜRZIG UND AUFBREZLT

ZUTATEN FÜR 4 PERSONEN:

1 kg Salatkartoffeln (z. B. Moor-Sieglinde)
Salz | 1 kleine Zwiebel
80 g geräuchertes Wammerl (Bauchspeck, ohne Schwarte)
3 ½ EL Pflanzenöl
100 g Endiviensalatblätter
200 ml Rindsbriah (S. 52, ersatzweise fertige Rinderbrühe)
4 EL Branntweinessig | 2 TL mittelscharfer Senf
schwarzer Pfeffer aus der Mühle
2 Prisen Zucker

SO LANG DAUERT'S: ca. 50 Min.
PRO PORTION: ca. 380 kcal | 9 g E | 23 g F | 32 g KH

1 Kartoffeln waschen, in reichlich Salzwasser in ca. 20 Min. weich kochen, abgießen, nur ganz kurz auskühlen lassen, schälen, in ½ cm dicke Scheiben schneiden und in eine Schüssel geben.

2 Inzwischen Zwiebel schälen und wie den Speck klein würfeln. ½ EL Öl mit den Speckwürfeln in eine Pfanne geben, Herdplatte anschalten und den Speck 3 Min. bei mittlerer Hitze braten. Zwiebel dazugeben und alles weitere 3 Min. braten. Vom Herd nehmen. Endiviensalat waschen und trocken schütteln, Blätter übereinanderlegen und in feine Streifen schneiden.

3 Rindsbriah erhitzen und mit Essig, Senf, Salz, Pfeffer und Zucker verrühren. Das Dressing über die Kartoffelscheiben gießen, 5 Min. ziehen lassen. Dann Zwiebel-Speck-Mischung und übriges Öl dazugeben, durchmischen, Endiviensalat aufstreuen und alles nochmals vorsichtig mischen. Abschmecken und den Kartoffelsalat lauwarm servieren.

GUADA TIPP

Das Öl immer erst zum Schluss zu dem Salat geben. Erst müssen sich die Kartoffeln mit reichlich Brühe vollsaugen – denn ein ordentlicher Kartoffelsalat muss glänzen und darf auf keinen Fall trocken sein.

EINFACHER KARTOFFELSALAT

KLASSISCH UND GUAD

ZUTATEN FÜR 4 PERSONEN:

1 kg Salatkartoffeln (z. B. Moor-Sieglinde)
Salz
1 TL Kümmelsamen
1 große Zwiebel
2 EL Butter
schwarzer Pfeffer aus der Mühle
1 Bund glatte Petersilie
200 ml Rindsbriah (S. 52, ersatzweise fertige Rinderbrühe)
4 EL Branntweinessig
2 Prisen Zucker
4 EL Pflanzenöl

SO LANG DAUERT'S: ca. 45 Min.
PRO PORTION: ca. 305 kcal | 7 g E | 15 g F | 32 g KH

1 Die Kartoffeln waschen, in reichlich Salz-Kümmel-Wasser in ca. 20 Min. weich kochen, abgießen und nur ganz kurz auskühlen lassen, schälen, in ½ cm dicke Scheiben schneiden, in eine Schüssel geben.

2 Inzwischen die Zwiebel schälen und fein würfeln. Die Butter in einer Pfanne schmelzen und die Zwiebel darin in ca. 5 Min. bei mittlerer Hitze glasig dünsten, dann salzen, pfeffern und vom Herd nehmen. Petersilie abbrausen und trocken schütteln, die Blättchen abzupfen und grob schneiden.

3 Zwiebel zu den Kartoffeln geben. Die Rindsbriah erhitzen und mit Essig, Salz, Pfeffer und Zucker verrühren. Dressing über die Kartoffelscheiben gießen, 5 Min. ziehen lassen. Dann das Öl dazugeben und alles durchmischen. Den Salat abschmecken, mit Petersilie verfeinern und servieren.

KARTOFFEL-GURKEN-SALAT

BAYERNS LIEBLING

ZUTATEN FÜR 4 PERSONEN:

1 kg Salatkartoffeln (z. B. Moor-Sieglinde)
Salz
1 kleine Salatgurke (ca. 400 g)
200 ml Rindsbriah (S. 52, ersatzweise fertige Rinderbrühe)
4 EL Weißweinessig
schwarzer Pfeffer aus der Mühle
2 Prisen Zucker
4 EL Pflanzenöl

SO LANG DAUERT'S: ca. 45 Min.
PRO PORTION: ca. 270 kcal | 7 g E | 11 g F | 32 g KH

1 Kartoffeln waschen, in reichlich Salzwasser in ca. 20 Min. weich kochen, abgießen, nur ganz kurz auskühlen lassen, schälen, in ½ cm dicke Scheiben schneiden und in eine Schüssel geben.

2 Inzwischen die Gurke waschen und so schälen, dass grüne Schalenstreifen stehen bleiben. Die Gurke in dünne Scheiben hobeln, in eine Schüssel geben, leicht salzen und 10 Min. ziehen lassen. Dann in ein Sieb geben und die Gurken ausdrücken.

3 Rindsbriah erhitzen und mit Essig, Salz, Pfeffer und Zucker verrühren. Dressing über die Kartoffeln gießen, 5 Min. ziehen lassen. Dann Öl dazugeben, durchmischen, Gurken dazugeben, alles nochmals mischen. Abschmecken, Salat lauwarm servieren.

DAHOAM SCHMECKT'S DOCH AM BESTEN

Was gibt's heut' Mittag? Ob a hoaße Rindsbriah oder a rescher Schweinsbratn auf den Mittagstisch kommt – was die Bayerin daheim in ihrer Kuchl aufkocht, kon se seng lossn, schmeckt einfach immer. Und ist so vor allem in keinem Wirtshaus dieser Welt zu bekommen …

KARTOFFELSUPPN

Gerade im Herbst und Winter freut man sich auf eine wärmende Suppe oder einen deftigen Eintopf mit a bisserl was drin. Was gibt es da Besseres als diese sämige Kartoffelsuppe, die man dampfend heiß aus dem Teller löffelt. Wer mag, verleiht ihr mit geräuchertem Aal eine ganz besonders würzige Note.

WOHLTUEND GUT

ZUTATEN FÜR 4–6 PERSONEN:

500 g mehligkochende Kartoffeln
1 Möhre
1 Stück Knollensellerie (ca. 150 g)
1 große Zwiebel
3 EL Pflanzenöl
1,2 l Rindsbriah (S. 52, ersatzweise fertige Rinderbrühe)
1 kleines Stück Lauch (ca. 50 g)
100 g Sahne
2 EL Butter
Salz | schwarzer Pfeffer aus der Mühle
frisch geriebene Muskatnuss
2 Prisen getrockneter Majoran

SO LANG DAUERT'S: ca. 25 Min.
IM TOPF: ca. 30 Min.
PRO PORTION (bei 6 Personen):
ca. 285 kcal | 12 g E | 17 g F | 12 g KH

1 Kartoffeln, Möhre und Sellerie waschen, schälen und in 1 cm große Würfel schneiden. Zwiebel schälen und fein würfeln.

2 Das Pflanzenöl in einem Topf erhitzen. Darin die Zwiebel in ca. 3 Min. glasig andünsten. Gemüse- und Kartoffelwürfel dazugeben, 1 Min. anbraten, mit der Rindsbriah aufgießen, aufkochen lassen und offen bei geringer Hitze ca. 20 Min. köcheln lassen.

3 Den Lauch waschen, putzen und in ½ cm große Rauten oder Quadrate schneiden. Kartoffelsuppn mit einem Pürierstab nicht zu fein durchmixen, es können ruhig noch ein paar Stückchen zu sehen sein. Den Lauch dazugeben und 1 Min. mitkochen. Sahne und die Butter einrühren und die Suppe in weiteren 6–7 Min. sämig einkochen lassen.

4 Die Kartoffelsuppn erst jetzt mit Salz, Pfeffer, Muskat und Majoran würzen und abschmecken. Am besten mit Bauernbrot und Butter servieren.

SO GEHT'S AA: KARTOFFELSUPPN MIT AAL

Dafür 200–250 g geräucherten Aal auf eine ofenfeste Platte legen und in den 100° heißen Backofen (Mitte; Ober- und Unterhitze verwenden, Umluft ist nicht empfehlenswert) schieben, den Aal in 6–8 Min. anwärmen. Den Fisch aus dem Ofen nehmen, die Haut abziehen, Fischfleisch vorsichtig von der Gräte lösen und in mundgerechte Stücke zupfen. Die Aalstücke in vorgewärmte Suppenteller legen und mit der heißen Kartoffelsuppn begießen.

GUADE TIPPS

Serviert man diese Kartoffelsuppn als Hauptgang, macht sie 4 Personen satt. Möchte man sie gerne als Zwischengang in einem Menü anbieten, reicht sie für 6 Personen.
Bsonders guad: auf der Suppe im Teller ein paar geröstete Pfifferlinge oder Steinpilze verteilen.

HOASSE RINDSBRIAH

Der Klassiker überhaupt. Ob als köstliche Suppe oder Saucengrundlage – eine kräftige Fleischbrühe ist in der Küche vielfältig einsetzbar. Der Aufwand lohnt sich vor allem dann, wenn man gleich eine größere Menge davon ansetzt, denn die Brühe lässt sich wunderbar auf Vorrat kochen.

WÄRMT UND STÄRKT

ZUTATEN FÜR CA. 2 L BRÜHE:

1,2 kg Ochsenbrust
Salz | schwarzer Pfeffer aus der Mühle
2 große Zwiebeln | 2 EL Pflanzenöl
3 Markknochen | 1 große Möhre
1 Stück Knollensellerie (ca. 150 g)
1 Petersilienwurzel | 1 große Tomate
1 Stück Lauch (ca. 60 g) | 1 Knoblauchzehe
5 Stängel Petersilie (ohne die Blätter!)
2 Lorbeerblätter | ½ TL Wacholderbeeren
1 TL schwarze Pfefferkörner
½ TL Pimentkörner
frisch geriebene Muskatnuss

SO LANG DAUERT'S: ca. 35 Min.
IM TOPF: ca. 4 Std.
PRO PORTION: ca. 1040 kcal | 97 g E | 41 g F | 0 g KH

1 Fleisch trocken tupfen und mit Salz und Pfeffer würzen. Die Zwiebeln waschen und samt Schale halbieren. Das Öl in einer großen Pfanne erhitzen. Zwiebeln mit den Schnittflächen nach unten und das Fleisch in die Pfanne legen, beides ca. 3 Min. braten. Dabei das Fleisch in der letzten Min. immer wieder wenden, damit es rundherum anbrät.

2 Knochen waschen und mit dem Fleisch in einen schmalen hohen Topf geben. Mit 4 l heißem Wasser begießen, aufkochen und 5 Min. bei starker Hitze sprudelnd kochen lassen, dabei den auftretenden Schaum immer wieder abschöpfen. Dann alles bei geringer Hitze 1 Std. 30 Min. köcheln lassen.

3 Das Gemüse waschen und putzen oder schälen und längs halbieren, den Knoblauch waschen, die Petersilienstängel abbrausen. Vorbereitete Zutaten und die angerösteten Zwiebeln mit den Gewürzen in den Topf geben. Alles weitere 2 Std.–2 Std. 30 Min. köcheln lassen, bis das Fleisch durchgegart ist.

4 Rechtzeitig prüfen, ob die Ochsenbrust fertig ist: mit einer Fleischgabel ins Fleisch stechen. Ist es gar und schön weich, lässt sich die Gabel problemlos wieder aus dem Fleisch ziehen. Je nach Qualität der Ochsenbrust variiert die Garzeit, daher früh genug und immer wieder mal den Gartest durchführen. Das weiche, zarte Fleisch aus der Briah heben und nach Belieben weiterverwenden (siehe Tipp).

5 Briah Schöpfer für Schöpfer durch ein feines Sieb (möglichst mit einem feuchten Passier- oder Küchentuch ausgelegt) gießen und auffangen. Die Briah nach Belieben weiterverwenden (siehe Tipp), dabei mit Salz, Pfeffer und Muskat würzen. Den Rest eventuell ebenfalls weiterverwenden (siehe Tipp).

GUADA TIPP

Ochsenbrust in Scheiben schneiden und mit Kürbis, Steckrüben, Kartoffeln und frischem Meerrettich servieren (S. 82). Möhre und Sellerie klein schneiden und als Einlage in die Briah geben. Weitere Einlagen: Grießnockerl (S. 54), Leberknödel (S. 55), Suppennudeln. Wer mag, löst das noch vorhandene Mark aus den Knochen und streicht es auf geröstetes Bauernbrot, leicht salzen und pfeffern. Den Rest wegwerfen.

GRIESSNOCKERLSUPPN

SCHMECKT AUCH DEN KINDERN

ZUTATEN FÜR 4 PERSONEN:

50 g weiche Butter | 1 Eigelb (M)
1 Ei (M) | 100 g Hartweizengrieß
Salz | frisch geriebene Muskatnuss
1 TL gekörnte Rinderbrühe (nach Belieben)
1 l Rindsbriah (S. 52, ersatzweise fertige Rinderbrühe)
Pfeffer aus der Mühle | 1 Bund Schnittlauch

SO LANG DAUERT'S: ca. 25 Min.
IM KÜHLSCHRANK: ca. 30 Min.
IM TOPF: ca. 30 Min.
PRO PORTION: ca. 345 kcal | 18 g E | 19 g F | 18 g KH

1 Die Butter mit den Quirlen des Handrührgeräts in ca. 3 Min. weißschaumig aufschlagen. Eigelb dazugeben, kurz durchrühren, Ei unterrühren und weiterschlagen. Den Grieß einrieseln lassen, 1 Min. weiterschlagen. Mit je 2 Prisen Salz und Muskat würzen. Abgedeckt für ca. 30 Min. zum Quellen kalt stellen.

2 In einem großen weiten Topf ca. 2,5 l Wasser mit 1 TL Salz und eventuell der gekörnten Rinderbrühe aufkochen.

3 Grießmasse mit den Händen kurz durchkneten. Dann mit zwei Teelöffeln die Grießmasse zu kleinen Nockerln (ca. 20 Stück) formen und in das kochende Wasser gleiten lassen. Dabei die Löffel immer wieder ins heiße Wasser tauchen, damit sich die Nockerl besser von den Löffeln ablösen. Das Wasser erneut aufkochen. Sobald alle Nockerln oben schwimmen, Deckel schräg auf den Topf legen und die Nockerl bei geringer Hitze ca. 30 Min. ziehen lassen.

4 Die Rindsbriah aufkochen, mit Salz und Pfeffer abschmecken. Den Schnittlauch abbrausen, trocken schütteln und in feine Röllchen schneiden. Wenig Muskatnuss in vorgewärmte tiefe Teller reiben. Die Nockerl mit einem Schaumlöffel aus dem Wasser heben, in den Tellern verteilen. Mit der Rindsbriah begießen, mit Schnittlauch bestreuen und servieren.

LEBERKNÖDELSUPPN

Mei, bei so am Supperl kann bestimmt koaner na sogn. A Suppn ohne ordentliche Einlage is wia a Mannsbuild ohne Wadeln. Alles klar? Na, dann ran an unsere nahrhafte Leberknödelsuppe.

KRÄUTERWÜRZIG

ZUTATEN FÜR 8 PERSONEN:

150 g Knödelbrot (gibt's beim Bäcker oder im Supermarkt, ersatzweise altbackene Semmeln in Scheiben schneiden)
80 ml Milch | 1 große Zwiebel
1 Knoblauchzehe | 80 g Butter
6–8 Stängel glatte Petersilie
1 kleiner Stängel Liebstöckel (nach Belieben)
2 Eier (M)
500 g durchgedrehte Rinderleber (siehe Tipp)
Salz | schwarzer Pfeffer aus der Mühle
frisch geriebene Muskatnuss
fein abgeriebene Schale von ½ Bio-Zitrone
2 Prisen getrockneter Majoran
30 g Semmelbrösel
1 TL gekörnte Rinderbrühe (nach Belieben)
2 l Rindsbriah (S. 52, ersatzweise fertige Rinderbrühe
1 Bund Schnittlauch

SO LANG DAUERT'S: ca. 35 Min.
IM KÜHLSCHRANK: ca. 30 Min.
IM TOPF: ca. 30 Min.
PRO PORTION: ca. 375 kcal | 29 g E | 18 g F | 16 g KH

1 Das Knödelbrot in eine große Schüssel geben. Milch lauwarm erhitzen und gleichmäßig über das Brot gießen. Zwiebel und Knoblauch schälen, beides in feine Würfel schneiden. Die Butter in einer Pfanne schmelzen. Darin die Zwiebel und den Knoblauch in ca. 4 Min. glasig dünsten, vom Herd nehmen und auskühlen lassen. Kräuter abbrausen und trocken schütteln, die Blättchen abzupfen und fein hacken.

2 Die Zwiebel-Knoblauch-Butter und die Kräuter mit den Eiern und der Rinderleber zum Knödelbrot geben. Alles mit den Knethaken des Handrührgeräts oder mit den Händen zu einer homogenen Masse verarbeiten. Mit Salz, Pfeffer, Muskat, Zitronenschale und Majoran kräftig würzen. Abgedeckt ca. 20 Min. zum Quellen kalt stellen. Dann die Semmelbrösel unter die Masse arbeiten und diese weitere 10 Min. im Kühlschrank quellen lassen.

3 In einem großen weiten Topf ca. 2,5 l Wasser mit 1 TL Salz und eventuell der gekörnten Rinderbrühe aufkochen.

4 Lebermasse mit den Händen kurz durchkneten, dann mit angefeuchteten Händen zu 8 gleich großen Knödeln formen und in das kochende Wasser geben. Das Wasser erneut aufkochen. Sobald alle Knödel oben schwimmen, den Deckel schräg auf den Topf legen und die Knödel bei geringer Hitze ca. 30 Min. ziehen lassen.

5 Die Rindsbriah aufkochen, mit Salz und Pfeffer abschmecken. Den Schnittlauch abbrausen, trocken schütteln und in feine Röllchen schneiden. Wenig Muskatnuss in vorgewärmte tiefe Teller reiben. Die Knödel mit einem Schaumlöffel aus dem Wasser heben, in den Tellern verteilen. Mit der Rindsbriah begießen, mit Schnittlauch bestreuen und servieren.

GUADA TIPP

Beim Metzger nach fertig vorbereiteter Rinderleber für Leberknödel fragen. Meist wird dabei auch die Milz mit durch den Fleischwolf gedreht.

A GSCHEIDE NUDELSUPPN

Eine heiße Hühnersuppe schenkt Kraft und verleiht neue Lebensenergie. Und unsere reichhaltige Nudelsuppn wirkt an manchen Tagen sogar wie ein Wunder.

MACHT NICHT NUR BAYERN GLÜCKLICH

ZUTATEN FÜR 4 PERSONEN:

1 großes Suppenhuhn (ca. 1,4 kg) | Salz
1 EL gekörnte Gemüse- oder Geflügelbrühe
1 große Möhre
1 Stück Lauch (ca. 100 g)
1 große Tomate
1 Stück Knollensellerie (ca. 200 g)
1 große Zwiebel
8 Wacholderbeeren
8 Pimentkörner
1 TL schwarze Pfefferkörner
2 Lorbeerblätter
6 Stängel Petersilie (ohne die Blätter!)
3 Stängel Liebstöckel (nach Belieben)
schwarzer Pfeffer aus der Mühle
frisch geriebene Muskatnuss (nach Belieben)
½ Bund Schnittlauch
250 g Suppennudeln (z. B. feine Fadennudeln, Buchstaben oder Sternchen)

SO LANG DAUERT'S: ca. 1 Std.
IM TOPF: ca. 3 Std. 45 Min.
PRO PORTION: ca. 915 kcal | 57 g E | 54 g F | 50 g KH

1 Das Suppenhuhn innen und außen waschen, trocken tupfen und der Länge nach halbieren, die Hälften nochmals quer halbieren. Geflügelstücke in einen großen hohen Topf geben. 3,5 l kaltes Wasser dazugießen, mit 1 EL Salz und der gekörnten Brühe würzen und aufkochen. Dabei den auftretenden Schaum immer wieder mal mit einem Schaumlöffel entfernen. Die Brühe ca. 1 Std. bei mittlerer Hitze kochen lassen.

2 Das Gemüse schälen oder waschen und putzen. Möhre, Lauch und Tomate nur halbieren, Sellerie in grobe Stücke schneiden. Die Zwiebel waschen, halbieren und samt Schale in einer Pfanne ohne Fettzugabe in ca. 5 Min. dunkel anrösten. Alles mit den Gewürzen in den Topf geben. Petersilienstängel und eventuell Liebstöckel abbrausen und ebenfalls dazugeben. Suppe weitere 2 Std. 45 Min. kochen lassen.

3 Fertige Suppe nach und nach durch ein feines Sieb gießen und auffangen. Das Suppenhuhn auskühlen lassen, Fett und Knochen ablösen und wegwerfen. Das Hühnerfleisch in mundgerechte Stücke zupfen. Sellerie und Möhre in Würfel oder dünne Scheiben schneiden. Den Rest im Sieb ebenfalls wegwerfen.

4 Für die Nudelsuppe 1 l Hühnerbrühe (die übrige Brühe anderweitig verwenden, siehe Tipp) mit dem Hühnerfleisch, Sellerie und Möhre erhitzen. Mit Salz, Pfeffer und eventuell Muskat abschmecken, warm halten. Schnittlauch abbrausen, trocken schütteln und in feine Röllchen schneiden.

5 Nudeln in reichlich kochendem Salzwasser nach Packungsanleitung garen. Dann in ein Sieb abgießen, gut abtropfen lassen und in vorgewärmte tiefe Teller verteilen. Mit Brühe, Fleisch und Gemüse begießen, mit Schnittlauch bestreuen und servieren.

GUADA TIPP

Die Brühe wurde ganz nach dem Motto »nur mit was Gscheidm drin kommt a was Guads raus« gekocht – ein Teil ist Basis für die Suppn, den Rest anderweitig verwenden (z. B. Wurzelsuppn, S. 102).

KRAUTWICKERL MIT KÜMMEL UND MAJORAN

Bestes Hackfleich wird in eine zarte Krauthülle gewickelt (für alle »Nichtbayern«: A Kraut ist nix anders als a Kohl) und schmort dann in einer würzigen Sauce – so bleibt es wunderbar saftig und wird unglaublich schmackhaft.

DIE MÜHE LOHNT SICH

ZUTATEN FÜR 4 PERSONEN:

1 Rezeptmenge Fleischpflanzerl (S. 34)
1 ½ TL getrockneter Majoran
8 große Spitz- oder Weißkrautblätter (ca. 400 g)
Salz
200 g Zwiebeln
1 EL Butterschmalz
½ TL Tomatenmark
1 geh. TL Mehl
600 ml Bratenfond (aus dem Glas, ersatzweise Wasser oder Rindsbriah, S. 52)
1 TL Kümmelsamen
4 Scheiben Frühstücksspeck (ca. 80 g)
1 TL Pflanzenöl
1 TL kalte Butter
schwarzer Pfeffer aus der Mühle
Sonst noch: Küchengarn

SO LANG DAUERT'S: ca. 50 Min.
IM OFEN: ca. 1 Std. 30 Min.
PRO PORTION: ca. 1120 kcal | 44 g E | 93 g F | 27 g KH

1 Fleischpflanzerlmasse wie auf S. 34 beschrieben zubereiten, dabei zusätzlich mit Majoran würzen.

2 Die Spitzkrautblätter waschen. Reichlich Wasser in einem breiten Topf aufkochen lassen, gut salzen. Kohlblätter einlegen, unters Wasser drücken und 2 Min. darin kochen lassen. Die Krautblätter aus dem Wasser heben, sofort eiskalt abschrecken, auf Küchentüchern ausbreiten und trocken tupfen.

3 Bei jedem Krautblatt die dicke Mittelrippe flach abschneiden. Je 2 Krautblätter gut überlappend nebeneinanderlegen und je ein Viertel der Fleischmasse darauf verteilen. Die Längsseiten der Krautblätter über die Füllung schlagen, dann die Wickerl von einer Schmalseite her eng aufrollen. Mit Küchengarn straff zusammenbinden.

4 Den Backofen auf 180° vorheizen. Die Zwiebeln schälen und in feine Ringe schneiden. Schmalz in einer Bratreine (ca. 18 x 30 cm) auf der Herdplatte schmelzen. Zwiebeln darin bei mittlerer Hitze 6 Min. anbraten. Tomatenmark einrühren, 2 Min. mitrösten, mit dem Mehl einstäuben, 1 Min. mitrösten. Zwiebeln mit dem Fond ablöschen, Kümmel unterrühren, aufkochen lassen und die Krautwickerl einlegen. Im Ofen (Mitte, Umluft 160°) in ca. 1 Std. 30 Min. weich schmoren, dabei Wickerl ein- bis zweimal wenden.

5 Den Frühstücksspeck ca. 5 Min. vor Garzeitende in eine kalte Pfanne legen, das Öl dazugeben. Pfanne erhitzen und den Speck in 3–4 Min. knusprig braten, dabei ab und zu wenden. Herausheben, auf Küchenpapier abtropfen lassen.

6 Reine aus dem Ofen nehmen. Krautwickerl eventuell schon vom Garn befreien und auf einer Platte oder auf Tellern anrichten, den Speck dazulegen. Die Sauce in einen hohen Rührbecher umfüllen, Butter dazugeben und die Sauce mit einem Pürierstab kurz aufmixen. Mit Salz und Pfeffer abschmecken. Sauce zu den Krautwickerln servieren. Am besten mit Kartoffelbrei (S. 95) oder Salzkartoffeln genießen.

Was früher ganz normal war, wird heute regelrecht zelebriert. Die »Hofschlachtungen« sind sehr selten geworden – aber die Lust auf frisch Geschlachtetes (Schlachtplatte) ist nach wie vor groß. Am besten einfach beim Metzger nachfragen, wann bei ihm geschlachtet und gewurstet wird, und besonders feine Blut- und Leberwürste ergattern.

BRATNE MILZWURSCHT MIT BREZENBRÖSEL

HERZHAFT UND DEFTIG

ZUTATEN FÜR 4 PERSONEN:

2 altbackene Brezen
2 EL Mehl | 2 Eier (M)
Salz | schwarzer Pfeffer aus der Mühle
8 Scheiben Milzwurst (je ca. 85 g schwer und 1 cm dick)
4 TL mittelscharfer Senf (plus noch etwas mehr zum Servieren)
4 EL Butterschmalz

SO LANG DAUERT'S: ca. 20 Min.
PRO PORTION: ca. 700 kcal | 37 g E | 52 g F | 16 g KH

1 Die Brezen in grobe Stücke schneiden, in einem elektrischen Blitzhacker fein zerkleinern und in eine Schüssel füllen. Mehl in einen tiefen Teller geben, Eier in einem tiefen Teller verschlagen und mit Salz und Pfeffer würzen. Milzwurstscheiben auf beiden Seiten dünn mit Senf bestreichen, dann zuerst im Mehl wenden, anschließend durch die Eier ziehen und zum Schluss in den Brezenbröseln wenden.

2 In einer großen Pfanne 2 EL Schmalz schmelzen. Die Hälfte der Wurstscheiben einlegen und in 2 Min. bei mittlerer Hitze goldbraun braten, wenden und die andere Seite bei geringer Hitze 2 Min. braten. Wurstscheiben aus der Pfanne heben, auf Küchenpapier abtropfen lassen (eventuell im 120° heißen Ofen warm halten). Übriges Schmalz in die Pfanne geben, restliche Milzwurst goldbraun braten. Mit dem Senf servieren. Dazu passt Kartoffel-Gurken-Salat (S. 45).

BRATNE BLUT- UND LEBERWURSCHT

BAYRISCHER GEHT'S NED

ZUTATEN FÜR 2 PERSONEN:

2 Leberwürste (je 150 g) | 2 Blutwürste (je 150 g)
400 g gekochte Kartoffeln (vom Vortag)
½ Zwiebel | 1 Stängel Majoran
2 Stängel glatte Petersilie | 1½ EL Butterschmalz
Salz | 1 gestr. TL Kümmelsamen
schwarzer Pfeffer aus der Mühle
mittelscharfer Senf zum Servieren

SO LANG DAUERT'S: ca. 20 Min.
PRO PORTION: ca. 1150 kcal | 43 g E | 96 g F | 28 g KH

1 Die Würste vorsichtig enthäuten und in 1 cm dicke Scheiben schneiden. Kartoffeln schälen und in 1 cm dicke Scheiben schneiden. Zwiebel schälen, in feine Streifen schneiden. Kräuter abbrausen und trocken schütteln, Blättchen abzupfen und grob hacken.

2 In einer großen Pfanne 1 EL Schmalz schmelzen. Kartoffelscheiben nebeneinander hineinlegen und bei mittlerer Hitze in ca. 3 Min. goldbraun anbraten, wenden, mit Salz und Kümmel würzen. Zwiebel dazugeben und weitere 4 Min. braten. Die Kartoffeln aus der Pfanne heben, kurz beiseitestellen.

3 Übriges Schmalz in der Pfanne schmelzen. Blutwurstscheiben einlegen, kurz auf beiden Seiten anbraten, Leberwurst dazugeben, kurz erwärmen. Die Kartoffeln und die Kräuter untermischen, mit Salz und Pfeffer würzen. Sofort auf vorgewärmten Tellern oder gleich in der Pfanne mit dem Senf servieren.

AA NO GUAD

Die ganzen Würste in leicht gesalzenem, siedendem Wasser ca. 15 Min. ziehen lassen und mit Kartoffelbrei (S. 95) und Sauerkraut (S. 202) servieren.

AUF GEHT'S, HEID IS SCHLACHTTAG!

In Bayern gibt's viele Fest- und Feiertage im Jahr, an denen etwas Besonderes auf den Tisch kommt. Einer der höchsten nicht kirchlichen Ehrentage auf dem Land war der Tag, an dem das übers Jahr gemästete Vieh seiner Bestimmung übergeben werden sollte. Im Spätherbst kam der Metzger auf den Hof, um in Anwesenheit der ganzen Familie und des Gesindes die Sau zu schlachten. Für zahlreiche Bauernfamilien ein blutiges, aber umso beseelteres Großereignis.

Dabei zeigte der Metzger seine ganze Kunst. Nachdem das Tier ausgeblutet war, zerlegte er es an Ort und Stelle noch schlachtwarm. Dann verarbeitete er zügig jeden Teil des Tieres – das frische Fleisch und die Innereien – binnen der nächsten zwei Stunden in der Wurstküche. Jeder Handgriff musste sitzen: So entstanden in hochkonzentrierter Arbeit Spezialitäten wie Brühwürste, Zungenwurst, Presssack, frische Blut- und Leberwürste und Griebenschmalz. Für Kochschinken wurde das Fleisch mit Salzlake gespritzt und gepoltert. Würste wanderten in den Rauch, um sie haltbar zu machen. Die Rezepturen für jede Wurst und jeden Schinken waren dabei immer das wohlgehütete Geheimnis des Metzgers oder der Bäuerin. Nur der Herrgott selbst weiß noch, was in ihnen steckt.

War das anstrengende Tagwerk vollbracht, richteten die Bauern ein großes Schlachtfest aus. Da hockten dann Groß und Klein bei Tellern voll mit Kraut, Blut- und Leberwürsten, Kesselfleisch und einer kräftigen Kesselsuppe zusammen und dankten dem Herrn für die reichen Gaben. Dazu gab's ein paar Maß, welches dem Abend ein heiteres Ende verschaffte.

Mit dem reichen Ertrag des Schlachttages war dafür gesorgt, dass in den kommenden kalten Wochen und Monaten auch einmal deftige und gehaltvolle Gerichte mit Fleisch, Wurst und Schinken auf den Tisch kommen konnten. Allerdings musste man unbedingt darauf achten, die Vorräte gut zu kühlen, damit sie keinesfalls schlecht wurden. Da es hierfür in der vorindustriellen Zeit noch keine technischen Möglichkeiten gab, hielt man sich einfach an die zuverlässig kälter werdenden Außentemperaturen ab Oktober und steckte das Fleisch, das Eingemachte, Räucherwürste und -schinken in kalte Erdkeller oder Vorratskammern.

Dieser Schlachttag lieferte den Leuten aber nicht nur lebenswichtige Nahrungsmittel, er war auch ein wichtiger Taktgeber im bäuerlichen Leben – er läutete das Ende des Wirtschaftsjahres ein. So folgte bald darauf am 11. November der Martinstag, mit dem das harte Arbeitsjahr endgültig vorbei war: Auf diesen Tag fiel der Hauptzinstag, an dem Knechte und Mägde ihre Löhne bekamen, neue Pachtverträge geschlossen und Steuern bezahlt wurden. Auch konnte das Gesinde nun den Dienstherrn wechseln.

Da man die Steuern früher in Naturalien bezahlte, was häufig eine Gans war, entstand daraus der Brauch diese Martinsgans noch an selbigem Tag zu verzehren. Was man vielerorts auch heute noch macht.

SAUERS LINGERL

Gekochte Lunge ist nicht jedermanns Sache, da sie kein optisches Highlight ist. Es empfiehlt sich Kalbslunge zu verwenden, da sie sehr fein und zart schmeckt. Nach alt-bayrischem Rezept wird sie mit einer dunklen »Einbrenne«, sprich Mehlschwitze, zubereitet und essigsauer abgerundet.

HERZHAFT UND URBAYRISCH

ZUTATEN FÜR 4–6 PERSONEN:

80 g Mehl
6 EL Pflanzenöl
1 l Rindsbriah (S. 52, ersatzweise fertige Rinderbrühe)
3 große Zwiebeln
2 Lorbeerblätter
4 Nelken
1 kg gebeizte Kalbslunge (in ½ cm breite und 6 cm lange Streifen geschnitten, beim Metzger vorbestellen)
80 g Butter
2 Stängel glatte Petersilie
Salz | schwarzer Pfeffer aus der Mühle
2 Prisen Zucker
1–2 EL Branntwein- oder Weißweinessig (nach Geschmack)

SO LANG DAUERT'S: ca. 1 Std.
PRO PORTION (bei 6 Personen):
ca. 485 kcal | 39 g E |28 g F | 12 g KH

1 Mehl und Öl in einem breiten Topf verrühren und langsam erhitzen. Das Mehl unter ständigem Rühren bei mittlerer Hitze in 7–8 Min. dunkelbraun rösten. Mit 1 Schöpfer Rindsbriah ablöschen und glatt verrühren, dann restliche Briah nach und nach dazugießen und in ca. 5 Min. langsam aufkochen lassen. Die Zwiebeln schälen, 1 Zwiebel halbieren und die Lorbeerblätter mit den Nelken auf die Zwiebelhälften stecken.

2 Die Lungenstreifen kurz waschen, gut abtropfen lassen und mit in den Topf geben, gespickte Zwiebelhälften einlegen. Alles aufkochen, dann bei geringer Hitze ca. 30 Min. sanft köcheln lassen, dabei immer wieder umrühren.

3 Übrige Zwiebeln klein würfeln. Die Butter in einer Pfanne schmelzen und darin die Zwiebelwürfel bei mittlerer Hitze in ca. 10 Min. goldbraun rösten. Petersilie abbrausen und trocken schütteln, Blättchen abzupfen, fein hacken und zum Schluss zu den Zwiebeln geben. Mit wenig Salz und Pfeffer würzen.

4 Fertiges Lingerl mit Salz, Pfeffer und Zucker würzen, nach Gusto mit Essig abschmecken. Auf vorgewärmten Tellern mit den gerösteten Zwiebeln anrichten, servieren. Dazu passen Semmelknödel (S. 89), Salzkartoffeln oder Kaisersemmeln.

SAURE KALBSLEBER

Kalbsleber ist wohl »die« beliebteste Innerei. Sie ist zart, schmeckt nur ganz leicht nach Leber und ist richtig zubereitet butterweich.

SCHNELL GEMACHT UND BUTTERWEICH

ZUTATEN FÜR 4 PERSONEN:

1 große Gemüsezwiebel
4 Scheiben Kalbsleber (ca. 800 g, sauber geputzt, siehe Tipp)
1 EL Mehl
2 EL Butterschmalz
Salz
2 EL Apfelessig
2 EL Hefeflocken (aus dem Bioladen oder Reformhaus)
400 ml Bratenfond (aus dem Glas)
1 TL grobkörniger Senf
1 TL mittelscharfer Senf
schwarzer Pfeffer aus der Mühle
2–3 Prisen Zucker

SO LANG DAUERT'S: ca. 20 Min.
PRO PORTION:
ca. 360 kcal | 42 g E | 15 g F | 15 g KH

1 Die Zwiebel schälen, vierteln und schräg in dünne Streifen schneiden. Leber in breite Streifen schneiden und gleichmäßig mit dem Mehl einstäuben. 1 EL Butterschmalz in einer großen Pfanne schmelzen. Darin die Leber bei mittlerer Hitze 2 Min. braten, wenig salzen, mit 1 EL Essig ablöschen, noch 1 Min. durchschwenken und auf einen vorgewärmten Teller geben.

2 Übriges Schmalz in der Pfanne schmelzen, Zwiebel darin in ca. 3 Min. goldbraun rösten. Hefeflocken unterrühren, mit Bratenfond ablöschen, 2 Min. kochen lassen. Restlichen Essig unterrühren und die Sauce weitere 2 Min. kochen lassen. Die beiden Senfsorten einrühren, Sauce 1 Min. ziehen lassen.

3 Die Leber in die Pfanne geben und unter die Sauce rühren. Die Pfanne vom Herd nehmen und die Leber darin in ca. 3 Min. »rosa« ziehen lassen. Mit Salz, Pfeffer, Zucker abschmecken. Die saure Kalbsleber mit Kartoffelbrei (S. 95), Salzkartoffeln oder Sternsemmeln servieren.

GUADA TIPP

Die Leber sollte frei von Häuten, Sehnen und Adern sein (am besten vom Metzger putzen lassen). Bleibt etwa die äußere dünne Haut dran, zieht sich die Leber beim Braten zusammen.

PANIERTE SCHWEINEKOTELETTS MIT EIERSOSS

Ein richtig gutes Schweinekotelett erkennt man an seiner dicken, weißen Fettschicht. Nur durch das Fett bleibt das eigentlich magere Rückenstück beim Braten schön saftig.

AROMATISCH UND SAFTIG

ZUTATEN FÜR 4 PERSONEN:

Für die Sauce:

3 Eier (M) | 100 g saure Sahne
100 g Schmand
Salz | schwarzer Pfeffer aus der Mühle
1 Prise Zucker | ½ Bund Schnittlauch

Für die Koteletts:

5 Scheiben trockenes Toastbrot
2 Eier (M) | 2 EL Sahne
Salz | schwarzer Pfeffer aus der Mühle
2 Prisen gemahlener Kümmel
einige Spritzer Zitronensaft
2 EL Mehl
4 Schweinekoteletts (je ca. 250 g, mit dickem Fettrand)
8 EL Butterschmalz
1 EL Butter
Zitronenspalten zum Anrichten

Sonst noch: Fleischklopfer

SO LANG DAUERT'S: ca. 40 Min.
PRO PORTION: ca. 695 kcal | 52 g E | 44 g F | 12 g KH

1 Für die Sauce Eier in kochendes Wasser geben, darin in 10 Min. hart kochen, abgießen und kalt abschrecken. Eier schälen und halbieren, die Eigelbe in eine kleine Schüssel geben. Eigelbe mit einem Schneebesen glatt verrühren, dann saure Sahne und Schmand unterrühren. Mit Salz, Pfeffer und Zucker würzen. Das Eiweiß fein hacken. Den Schnittlauch abbrausen, trocken schütteln und in feine Röllchen schneiden. Beides unter die Sauce rühren.

2 Für die Koteletts die Toastscheiben entrinden, in einem elektrischen Blitzhacker fein zerkleinern und die Brösel in eine Schüssel geben. Die Eier in einem tiefen Teller mit der Sahne verquirlen und mit Salz, Pfeffer, Kümmel und Zitronensaft würzen. Das Mehl ebenfalls in einen tiefen Teller geben.

3 Die Schweinekoteletts mit der platten Seite eines Fleischklopfers von beiden Seiten ein wenig flacher klopfen. Koteletts mit Salz und Pfeffer würzen, dann zuerst im Mehl wenden, anschließend durch die Eier ziehen und zum Schluss in den Bröseln wenden.

4 Das Butterschmalz in zwei großen Pfannen verteilen und schmelzen. Darin die Schweinekoteletts ca. 2 Min. bei mittlerer Hitze braten, wenden und weitere 2 Min. braten, dabei immer wieder mit dem Bratfett übergießen – gerade am Knochen. Dann die Koteletts nochmals wenden und bei geringer Hitze weitere 4 Min. braten. Butter in Flöckchen auf den Koteletts verteilen, wenig salzen. Die Butter in 2 Min. zerlaufen lassen und die Koteletts fertig braten.

5 Koteletts aus der Pfanne heben und die unteren Seiten kurz auf Küchenpapier abtropfen lassen. Die Koteletts auf vorgewärmten Tellern mit der Eiersoss und den Zitronenspalten anrichten. Am besten mit einem einfachen Kartoffelsalat (S. 45) servieren.

GUADA TIPP

Übrigens: Die knusprigen panierten Schweinekoteletts schmecken auch kalt zur Brotzeit.

RESCHER SCHWEINSBRATN MIT NATURSAFTL

A typisch bayrischer Schweinsbratn muas zart und saftig sei und a reschs Krusterl ham, dass es beim Reinbeißen nur so knackt und knuspert. Bei unserem Rezept ist alles dabei, und sogar noch etwas zum Abknabbern. Am besten schmeckt der Braten frisch aus dem Ofen – aufwärmen geht gar nicht.

TIERISCH DEFTIG

ZUTATEN FÜR 4 PERSONEN:

2 Knoblauchzehen
1 geh. TL Kümmelsamen | Salz
800 g Schweinebauch | 800 g Schweinehals
400 g Schweinerippchen (zwischen den Rippen geteilt)
400 g Schweineschwänze (klein geschnitten, nach Belieben, beim Metzger vorbestellen)
1 kleine Möhre | 400 g Zwiebeln
1 EL Pflanzenöl | schwarzer Pfeffer aus der Mühle
Sonst noch: Alufolie

SO LANG DAUERT'S: ca. 30 Min.
IM OFEN: ca. 3 Std.
PRO PORTION: ca. 1065 kcal | 77 g E | 84 g F | 0 g KH

1 Knoblauch schälen, mit Kümmel und 1 geh. TL Salz möglichst fein hacken. Schweinebauch nur auf den Fleischseiten, den Schweinehals ringsherum mit dem Gewürzsalz einreiben. Schweinerippchen und -schwänze kurz waschen, um Knochen- oder Knorpelsplitter zu entfernen, trocken tupfen. Die Möhre und die Zwiebeln schälen und klein schneiden.

2 Öl in einer tiefen Bratreine (ca. 25 x 35 cm) auf dem Herd erhitzen. Darin die Schweinerippchen und -schwänze 2 Min. bei starker Hitze anbraten, wenden, 1 Min. weiterbraten. Zwiebeln dazugeben und 1 Min. mitrösten, die Möhre dazugeben und alles ca. 5 Min. unter ständigem Rühren rösten. Mit 200 ml Wasser ablöschen, den Bratenansatz damit lösen, einkochen lassen. 800 ml Wasser aufgießen und aufkochen.

3 Den Schweinehals und den Schweinebauch mit der Schwartenseite nach unten in die Reine legen. Im Backofen (Mitte, am besten 150° Umluft, sonst auf 170° Ober- und Unterhitze vorheizen) ca. 1 Std. garen. Dann Fleischstücke und Rippchen wenden. Schwarte des Schweinebauchs mit einem scharfen Messer in 1-cm-Abständen so einritzen, dass man das Fleisch später in Scheiben schneiden kann. Alles weitere 1 Std. 50 Min. braten, bis das Fleisch weich ist. Dabei die Fleischstücke mehrmals wenden und nach und nach noch 400 ml Wasser dazugießen.

4 Backofen auf Grillfunktion (höchste Stufe) stellen. Reine aus dem Ofen nehmen, Schweinebauch so in Alufolie einschlagen, dass nur das Fleisch bedeckt ist, die Schwarte soll oben sichtbar bleiben. Schweinebauch auf den Rost legen, wieder in den Ofen (Mitte) schieben und in 5–10 Min knusprig grillen. In der Zeit die Reine auf den Herd stellen, eventuell Schweineschwänze entfernen. Rest aufkochen und dabei den Bratensatz mit einem Pinsel von den Seiten der Reine lösen. Die Sauce mit Salz und Pfeffer abschmecken.

5 Schweinebauch und -hals aufschneiden und mit den Schweinerippen auf Tellern anrichten, mit der Sauce begießen. Dazu passen Kartoffel- oder Semmelknödel (S. 86/87) und Bayrisch Kraut (S. 199).

GUADA TIPP

Durch die Schweineschwänze erhält die Sauce ihre typische Konsistenz (es geht aber auch ohne), durch das Rösten der Rippchen ihre tolle Farbe.

SCHWEINSHAXN WIAS SEI SOLLT

Neben dem Schweinsbratn zählt die Schweinshaxn wohl zu den beliebtesten und bekanntesten deftigen Gerichten aus Bayern. Das kräftige und durchwachsene Muskelfleisch der hinteren Haxen, auch unter Eisbein bekannt, macht sie besonders saftig.

EIN BAYRISCHES ORIGINAL

ZUTATEN FÜR 4 PERSONEN:

1 große Knoblauchzehe
1 TL Kümmelsamen
Salz
2 hintere Schweinehaxen (je ca. 1,4 kg)
300 g Zwiebeln
1 Stück Knollensellerie (ca. 130 g)
1 Möhre
400 ml Bratenfond (aus dem Glas)
1 TL Speisestärke
schwarzer Pfeffer aus der Mühle
Sonst noch: Alufolie

SO LANG DAUERT'S: ca. 30 Min.
IM OFEN: ca. 3 Std. 50 Min.
PRO PORTION: ca. 880 kcal | 87 g E | 56 g F | 7 g KH

1 Backofen auf 160° vorheizen. Knoblauch schälen, fein schneiden, mit ½ TL Kümmel und 1 TL Salz bestreuen und sehr fein hacken. Die Schweinehaxen nur auf den Fleischseiten und unter den Schwarten mit dem Gewürzsalz einreiben. Die Schwarte mit Salz bestreuen und dieses kräftig einmassieren.

2 Zwiebeln, Sellerie und Möhre schälen und 1 cm groß würfeln. Das Gemüse in einer tiefen Bratreine (ca. 25 x 35 cm) verteilen, die Schweinehaxen darauflegen. Reine in den Ofen (Mitte, Umluft 140°) schieben und die Haxen 1 Std. 15 Min. garen. Haxen wenden und noch 15 Min. weiterbraten. Fond aufgießen und die Schweinehaxen in 1 Std. 30 Min.–2 Std. weich braten (siehe Tipps), dabei alle 30 Min. wenden.

3 Die Reine aus dem Ofen nehmen, die Knochen der Schweinehaxen mit Alufolie einwickeln. ½ TL Salz mit 1 guten Schuss Wasser verrühren und die Schwarten mit etwas Salzwasser einpinseln.

4 Den Backofen auf 250° (Umluft 230°) aufheizen. Schweinehaxen auf den Rost legen, wieder in den Ofen (Mitte) schieben, ein Backblech mit Wasser als Tropfschutz darunterschieben. Haxen in ca. 20 Min. knusprig braten, dabei immer wieder mit dem Salzwasser bepinseln und wenden. Sie sollten ringsherum schön gebräunt sein und eine Kruste haben.

5 Inzwischen Fett großzügig von Gemüse und Bratenfond abschöpfen (siehe Tipps). Reine auf den Herd stellen, Fond aufkochen. Stärke mit 1–2 EL kaltem Wasser glatt verrühren und unter den Fond rühren, in 3 Min. zu einer sämigen Sauce einkochen lassen. Mit Salz, Pfeffer und übrigem Kümmel abschmecken.

6 Knusprige Schweinshaxn aus dem Ofen nehmen, jeweils mit einem scharfen Messer am Knochen entlang halbieren und mit der Sauce auf vorgewärmten Tellern anrichten. Dazu passen Kartoffelknödel (S. 88), Blaukraut oder Bayrisch Kraut (S. 200/201).

GUADE TIPPS

Die Garzeit der Schweinehaxen kann variieren, deshalb nach ca. 3 Std. unbedingt mal mit der Fleischgabel ins Fleisch stechen und prüfen, ob es schon schön weich ist.
Abgenommenes Fett mit Salz und Pfeffer würzen, auskühlen lassen und als Brotzeitschmalz genießen.

Bratwurst
Schweinswürstel
Fleischspieß
Wiener, Bockwurst

A GSCHMACKIGE DUNKLE SOSS

SELBST GEMACHT EINFACH UNGLAUBLICH

ZUTATEN FÜR CA. 800 ML SAUCE:

1 kg fleischige Kalbs- und Schweineknochen (in grobe Stücke gehackt)
200 g Zwiebeln | 1 Möhre
1 Stück Knollensellerie (ca. 200 g)
2 EL Pflanzenöl | 2 EL Tomatenmark
½ l kräftiger Rotwein (z. B. Cabernet Sauvignon)
1 EL Mehl | 100 ml Sherry (medium dry)
1,6 l Kalbsfond (aus dem Glas)
2 EL Sauerbratengewürz (siehe Tipps, S. 176)
2 Salbeiblätter | 1 Prise Zucker
Salz | schwarzer Pfeffer aus der Mühle

SO LANG DAUERT'S: ca. 45 Min.
IM TOPF: ca. 3 Std. 15 Min.
PRO PORTION: ca. 1045 kcal | 209 g E | 43 g F | 69 g KH

1 Backofen auf 220° vorheizen. Knochen auf einem Backblech verteilen und im Ofen (Mitte, Umluft 200°) in ca. 30 Min. ringsherum goldbraun rösten.

2 Zwiebeln, Möhre und Sellerie schälen und klein schneiden. Das Öl in einem breiten Topf erhitzen, Zwiebeln darin bei mittlerer Hitze ca. 3 Min. rösten. Möhre und Sellerie dazugeben, das Gemüse weitere 5 Min. rösten. Knochen aus dem Ofen nehmen und zum Gemüse geben, Tomatenmark einrühren und alles weitere 5 Min. unter ständigem Rühren rösten.

3 Knochen und Gemüse mit 1 Schuss Rotwein ablöschen, einkochen lassen. Mehl darüberstäuben, nochmals ablöschen und wieder einkochen lassen. Restlichen Wein und Sherry dazugießen, einkochen lassen, mit Fond aufgießen, aufkochen. Die Sauce bei geringer Hitze 1 Std. sanft köcheln lassen, Sauerbratengewürz dazugeben und 2 Std. weiterkochen.

4 Dann die Sauce durch ein feines Sieb gießen, auffangen und mit dem Salbei in einen kleinen Topf geben. Sauce aufkochen und in ca. 15 Min. sämig einkochen lassen, Salbei entfernen. Die Sauce mit Zucker, Salz und Pfeffer abschmecken.

RINDERLENDN MIT BRAUNE ZWIEFE

Gerade bei Kurzbratstücken vom Rind, wie hier die Lende für unseren Zwiebelrostbraten, spielt die Qualität und der Reifegrad des Fleischs eine entscheidende Rolle fürs Gelingen. Die Rinderlende sollte gleichmäßig marmoriert und mit einem zarten Fettrand versehen sein.

SCHMECKEN DAHOAM AM BESTEN

ZUTATEN FÜR 4 PERSONEN:

1 kg Frittierfett
1½ große Gemüsezwiebeln
1½ EL Mehl
1 gestr. TL edelsüßes Paprikapulver
1 Knoblauchzehe
2 Zweige Thymian
4 Scheiben durchwachsene Rinderlende (Roastbeef, je ca. 220 g, mit Fettrand)
Salz
2 EL Pflanzenöl
1 EL Butter
400 ml Bratensauce (selbst gemacht, S. 76, ersatzweise fertige braune Sauce zum Anrühren)
schwarzer Pfeffer aus der Mühle
Sonst noch: Fleischklopfer | Backpapier

SO LANG DAUERT'S: ca. 30 Min.
PRO PORTION: ca. 560 kcal | 76 g E | 29 g F | 14 g KH

1 Den Backofen auf 120° (Umluft 100°) vorheizen, ein Backblech mit Backpapier auslegen und in den Ofen (Mitte) schieben. Das Frittierfett in einem hohen Topf erhitzen (160–170°). Die Temperatur ist richtig, wenn sich an einem eingetauchten Holzkochlöffelstiel sofort kleine Bläschen bilden.

2 Inzwischen Zwiebeln schälen und in möglichst feine Ringe schneiden oder hobeln. Zwiebelringe in eine große Schüssel geben, mit Mehl und Paprika einstäuben und gut durchmengen.

3 Etwa ein Drittel der Zwiebeln ins heiße Fett geben, mit dem Kochlöffel oder einer Fleischgabel vorsichtig auflockern und in ca. 2 Min. goldbraun frittieren. Mit einem Schaumlöffel herausheben, kurz auf Küchenpapier abtropfen lassen, dann auf das Blech im Ofen geben und warm halten. Restliche Zwiebeln nacheinander ebenfalls frittieren und warm halten.

4 Knoblauch nicht schälen, nur andrücken. Thymian abbrausen und trocken schütteln. Die Rinderlendenscheiben mit der platten Seite eines Fleischklopfers von beiden Seiten ein wenig flacher klopfen, salzen.

5 Das Öl in einer großen Pfanne erhitzen. Darin die Fleischscheiben bei mittlerer Hitze ca. 2 Min. braten, Knoblauch und Thymian dazugeben. Das Fleisch jetzt weitere 2 Min. auf den anderen Seiten braten – auch auf den Fettseiten, dafür an den Pfannenrand lehnen. Dann die Butter in die Pfanne geben, Fleisch darin wenden, vom Herd nehmen und in ca. 6 Min. in der Resthitze der Pfanne »rosa« gar ziehen lassen.

6 Die Bratensauce aufkochen. Rinderlenden mit Pfeffer übermahlen, mit Bratensauce und den Röstzwiebeln servieren – und am besten Bratkartoffeln oder Millirahmkartoffeln (S. 94) dazu reichen.

GUADA TIPP

Statt mit der Bratensauce schmeckt die Rinderlende auch mit Kräuterbutter sehr fein. Dazu dann einen frisch angemachten Blattsalat servieren.

RINDSGULASCH

Die Rinderwade eignet sich perfekt für ein Gulasch. Das muskulöse Fleisch ist marmoriert, also mit Sehnen und Fett durchzogen, sodass das Fleisch beim Schmoren saftig bleibt. Wem die Wade zu durchwachsen ist, nimmt stattdessen ein Stück aus der Rinderschulter.

UNWIDERSTEHLICH UND SAFTIG

ZUTATEN FÜR 4 PERSONEN:

450 g Zwiebeln
1 kg hintere Rinderwade (ohne Knochen)
Salz | schwarzer Pfeffer aus der Mühle
1 TL rosenscharfes Paprikapulver
3 TL edelsüßes Paprikapulver
1 EL Mehl | 4 EL Pflanzenöl
2 EL Tomatenmark
200 ml Rotwein (z. B. Cabernet Sauvignon)
800 ml Bratenfond (aus dem Glas)
½ Knoblauchzehe
fein abgeriebene Schale von ½ Bio-Zitrone

SO LANG DAUERT'S: ca. 45 Min.
IM TOPF: ca. 1 Std. 45 Min.
PRO PORTION: ca. 575 kcal | 57 g E | 30 g F | 11 g KH

1 Die Zwiebeln schälen und in ½ cm große Würfel schneiden. Die Rinderwade in ca. 2 cm große Würfel schneiden, in eine Schüssel geben. Mit Salz, Pfeffer, Paprika und Mehl einstäuben. Die Fleischwürfel mit den Händen gut durchmischen, sodass Mehl und Gewürze rundherum am Fleisch haften bleiben.

2 In einem großen breiten Topf 3 EL Öl erhitzen. Die Hälfte des Fleischs darin rundherum bei mittlerer Hitze 3 Min. anbraten, herausnehmen. Übriges Öl in den Topf geben, restliches Fleisch darin auch 3 Min. anbraten. Zwiebeln dazugeben und 2 Min. mitbraten. Das bereits angebratene Fleisch wieder in den Topf geben und alles noch 3 Min. weiterbraten.

3 Dann Tomatenmark unter Fleisch und Zwiebeln mischen und 5 Min. unter Rühren anrösten, dabei den Bratsatz mit dem Kochlöffel vom Boden »abkratzen«. Mit dem Wein ablöschen und 3 Min. einkochen lassen, den Bratenfond dazugießen und aufkochen. Rindsgulasch zugedeckt in ca. 1 Std. 45 Min. bei geringer Hitze weich schmoren lassen.

4 Den Knoblauch schälen, möglichst fein hacken und mit der Zitronenschale mischen. Das fertige Gulasch mit Salz und Pfeffer abschmecken, Zitronen-Knoblauch-Mischung unterrühren und das Gulasch nochmals aufkochen. Mit Nudeln, Reis, Kartoffeln, Kartoffel- oder Semmelknödeln (S. 88/89) auf vorgewärmten Tellern anrichten und servieren.

GUADA TIPP

Rindsgulasch kann man bestens auch in größeren Mengen zubereiten und dann alles, was nicht gleich gegessen wird, ausgekühlt für den Vorrat in Gefrierboxen oder -beutel in das Tiefkühlfach stecken. Oder man kocht das übrige Gulasch auf und füllt es sofort in gründlich gesäuberte Schraubgläser. Gläser gut verschließen, auf den Kopf stellen, auskühlen lassen. Im Kühlschrank hält sich das eingemachte Gulasch über mehrere Wochen. Wer nicht so lange warten mag, wärmt sich den Rest gleich am nächsten Tag auf – das Gulasch schmeckt nach dieser Durchziehzeit fast noch besser als kurz nach der Zubereitung.

GULASCH

RINDSROULADEN MIT GURKERL UND SPECK

Ein echter Klassiker – den jeder liebt und der Generationen verbindet!

DIE MÜHE LOHNT SICH

ZUTATEN FÜR 4 PERSONEN:

Für die Rouladen:

1 Möhre | Salz
2 Zwiebeln
4 Rinderrouladen (je ca. 200 g, dünn geklopft)
schwarzer Pfeffer aus der Mühle
4 TL mittelscharfer Senf
12 Scheiben Frühstücksspeck (ca. 120 g)
4 Essiggurkensticks (ersatzweise 1 große Essiggurke der Länge nach geviertelt)
2 gute Prisen Mehl

Für die Sauce:

1 große Zwiebel | 1 Möhre
1 Stück Knollensellerie (ca. 80 g)
3 EL Pflanzenöl
1 EL Tomatenmark
300 ml kräftiger Rotwein (z. B. Cabernet Sauvignon)
1 l Bratenfond (aus dem Glas)
1 TL Speisestärke
Salz | schwarzer Pfeffer aus der Mühle

Sonst noch:

Küchengarn oder Rouladennadeln

SO LANG DAUERT'S: ca. 1 Std.
IM TOPF: ca. 1 Std. 40 Min.
PRO PORTION: ca. 680 kcal | 49 g E | 44 g F | 12 g KH

1 Für die Rouladen Möhre schälen, quer halbieren und die Hälften längs vierteln. Die Möhrenstifte (sie sollten ca. 1 cm breit sein) in kochendes Salzwasser geben und ca. 2 Min. darin garen, herausheben, kalt abschrecken und abtropfen lassen. Zwiebeln schälen und jeweils längs in 8 dünne Spalten schneiden.

2 Rouladen auf der Arbeitsfläche auslegen, salzen, pfeffern, mit Senf bestreichen. Der Länge nach mit je 3 Speckscheiben belegen. Ins untere Drittel je 2 Möhrenstifte, 2 Zwiebelspalten und 1 Gurkenstick legen. Längsseiten der Rouladen knapp einschlagen, Rouladen von der Schmalseite her aufrollen. Mit Küchengarn binden oder mit Rouladennadeln feststecken.

3 Für die Sauce Zwiebel, Möhre und Sellerie schälen und in 1 cm große Würfel schneiden. Das Öl in einem großen breiten Topf erhitzen. Die Rouladen mit Salz und Pfeffer würzen, rundherum mit Mehl bestäuben und bei mittlerer Hitze 3 Min. in dem Öl anbraten, wenden und weitere 3 Min. anbraten. Die Rouladen aus dem Topf heben.

4 Zwiebel-, Möhren- und Selleriewürfel in den Topf geben und 2 Min. anbraten. Tomatenmark einrühren und alles weitere 3 Min. braten. Mit 1 Schuss Rotwein ablöschen und einkochen lassen, diesen Vorgang noch zweimal wiederholen. Nun den restlichen Rotwein und den Bratenfond dazugießen, aufkochen. Rouladen einlegen und abgedeckt bei geringer Hitze in ca. 1 Std. 40 Min. weich schmoren.

5 Dann Rouladen aus dem Topf heben. Die Sauce durch ein Sieb passieren, auffangen wieder zurück in den Topf gießen, aufkochen. Die Stärke mit 1–2 EL kaltem Wasser verrühren und unter die Sauce rühren, in 15 Min. bei mittlerer Hitze sämig einkochen lassen. Mit Salz und Pfeffer abschmecken. Rouladen wieder in den Topf geben, aufkochen und bei geringer Hitze noch 2–3 Min. sanft in der Sauce ziehen lassen. Auf vorgewärmten Tellern mit Kartoffelbrei (S. 95) oder breiten Bandnudeln servieren.

KOCHTE OCHSENBRUST MIT KÜRBIS UND STECKRUAM

Für gekochtes Suppenfleisch kann man unterschiedliche Fleischstücke verwenden: Ochsenbrust, Zwerchrippe, Brustspitz oder Beinscheiben sind marmoriert, gut durchwachsen und ergeben eine kräftige, äußerst schmackhafte Brühe, die in keinem guten Haushalt fehlen sollte. Wer es hingegen ein bisschen feiner und edler mag, greift zu einem Tafelspitz.

BODENSTÄNDIG UND HERBSTLICH

ZUTATEN FÜR 4 PERSONEN:

400 g Muskatkürbis
600 g vorwiegend festkochende Kartoffeln
250 g Steckrüben | 1 große Zwiebel
2 EL Butter | Salz
frisch gekochte Ochsenbrust samt ½ l Rindsbriah (beides S. 52)
1 Lorbeerblatt
4 Stängel glatte Petersilie
1 kleines Bund Schnittlauch
1 Stück Meerrettich (ca. 10 cm)
schwarzer Pfeffer aus der Mühle
frisch geriebene Muskatnuss

SO LANG DAUERT'S: ca. 50 Min. (plus die Zubereitungszeit der Ochsenbrust)
PRO PORTION: ca. 790 kcal | 65 g E | 45 g F | 26 g KH

1 Den Kürbis schälen und von den Kernen samt dem faserigen Fruchtfleisch befreien. Kartoffeln und Steckrüben schälen. Alles in 1½ cm große Würfel schneiden. Die Zwiebel schälen und fein würfeln.

2 Butter in einem großen breiten Topf schmelzen. Darin die Zwiebel bei mittlerer Hitze in 3 Min. glasig dünsten. Die Steckrüben und Kartoffeln dazugeben, etwas salzen, 5 Min. andünsten. Mit der Rindsbriah aufgießen, aufkochen lassen.

3 Den Kürbis und das Lorbeerblatt mit in den Topf geben, abdecken und das Gemüse bei geringer Hitze ca. 10 Min. köcheln lassen. Dann Deckel abnehmen und alles offen in weiteren 10 Min. weich garen. Die Kräuter abbrausen und trocken schütteln. Die Petersilienblättchen von den Stängeln abzupfen und nicht zu fein hacken, den Schnittlauch in feine Röllchen schneiden. Den Meerrettich schälen.

4 Das sämig eingekochte Gemüse mit Salz, Pfeffer und Muskat abschmecken und mit der Petersilie verfeinern. Die frisch zubereitete, noch heiße Ochsenbrust in fingerdicke Scheiben schneiden und mit dem Gemüse auf vorgewärmten Tellern anrichten. Mit dem Schnittlauch bestreuen und servieren. Meerrettich samt einer Reibe mit auf den Tisch stellen, sodass sich jeder davon selbst nehmen kann (siehe Tipps).

GUADE TIPPS

Fleisch wird grundsätzlich gegen die Faser aufgeschnitten, damit es schön zart fast auf der Zunge zergeht. Schneidet man das Fleisch hingegen mit der Faser, wird es zäh.
Durch die Steckrüben bekommt das Gemüse eine feine Schärfe. Für noch mehr Schärfe nach Belieben den frischen Meerrettich über die Ochsenbrust und das Gemüse reiben.

41423

KERNDLGFUADATS BRATHENDL

Bei einem Hendl ist die Qualität das A und O fürs Gelingen. Güteunterschiede merkt man oft erst nach dem Garen. Ein Hähnchen von Wert bleibt beim Braten in Form, wird saftig und die krosse Haut ist fest mit dem Fleisch verbunden.

AM BESTEN VON DER HAND IN DEN MUND

ZUTATEN FÜR 2 PERSONEN:

2 EL Butter
2 EL Pflanzenöl
1 gestr. TL rosenscharfes Paprikapulver
1 gestr. TL edelsüßes Paprikapulver
1 gestr. TL Schaschlikgewürz (Fertigmischung)
Salz | schwarzer Pfeffer aus der Mühle
6 Stängel glatte Petersilie
2 Stängel Liebstöckel (nach Belieben)
½ Bio-Zitrone
1 kleine Zwiebel
1 Brathähnchen (ca. 1,1 kg)
Sonst noch: Rouladennadeln

SO LANG DAUERT'S: ca. 10 Min.
IM OFEN: ca. 1 Std. 30 Min.
PRO PORTION: ca. 870 kcal | 82 g E | 58 g F | 3 g KH

1 Den Backofen auf 150° C vorheizen. Die Butter in einer Pfanne schmelzen. Öl, Paprikapulver und Schaschlikgewürz einrühren, mit Salz und Pfeffer würzen, vom Herd nehmen. Kräuter abbrausen und trocken schütteln, Zitrone heiß waschen und vierteln. Die Zwiebel schälen und in grobe Würfel schneiden.

2 Das Brathähnchen innen und außen waschen und mit Küchenpapier gut trocken tupfen. Eventuell den Bürzel und die Flügelspitzen abschneiden. Das Hähnchen innen mit Salz und Pfeffer würzen. Die Kräuterstängel zusammenklappen und mit Zitrone und Zwiebel in die Bauchhöhle füllen. Die Öffnung mit den Rouladennadeln verschließen.

3 Das Hähnchen ringsherum gründlich mit der vorbereiteten Paprikabutter einpinseln, aber nicht alles verbrauchen. Hähnchen in eine Auflaufform legen, dabei auf die Seite drehen (siehe Tipp), und 200 ml heißes Wasser angießen. Form in den Ofen (Mitte, Umluft 130°) schieben, das Hähnchen 30 Min. garen. Hähnchen auf die andere Seite legen, mit der Paprikabutter einpinseln und weitere 45 Min. braten, bis das Fleisch weich ist. Dabei ab und zu mit der Butter einpinseln. Nach der Garzeit mit einem Holzstäbchen zwischen Brust und Keule ins Fleisch stechen, läuft klarer Fleischsaft heraus, ist das Brathendl fertig. Sonst noch ein bisschen länger im Ofen lassen.

4 Fertiges Hendl aus dem Ofen nehmen, Ofen auf Grillfunktion (höchste Stufe) stellen. Das Hendl der Länge nach halbieren (mit dem Messer oder einer Geflügelschere), das Rückgrat herausschneiden, die Füllung wegwerfen. Die Hendlhälften mit der Haut nach oben auf den Rost legen und wieder in den Ofen (Mitte) schieben, Auflaufform als Tropfschutz darunterstellen. Das Hendl in 10–15 Min. goldbraun und knusprig backen, dabei immer wieder mit der restlichen Paprikabutter bepinseln.

5 Das Brathendl auf vorgewärmten Tellern anrichten, mit etwas Bratensaft beträufeln und servieren. Dazu passt ein Kartoffelsalat (S. 44/45).

GUADA TIPP

Das Hähnchen zum Braten stets auf die Keulenseite legen, so ist immer ein Teil der Brust mit Flüssigkeit bedeckt und bleibt dadurch saftig.

KARTOFFELKNÖDEL

Entscheidend ist die richtige Kartoffelsorte – nur dann haben die Knödel den perfekten Halt und Geschmack. Zum Glück werden wieder alte mehligkochende Kartoffelsorten wie Bintje, Agathe oder Felicia angebaut, die bestens geeignet sind.

SCHÖN FLAUSCHIG

ZUTATEN FÜR 4 PERSONEN
(ca. 8 Knödel):

Für die Knödel:
2,5 kg mehligkochende Kartoffeln (z. B. Felicia)
Salz
½ Pck. Knödelhilfe (ca. 2,5 g; lässt die Knödel nicht braun werden)

Für die Bröselbutter:
1 Scheibe trockenes Toastbrot
2 EL Butter

Sonst noch:
Kartoffelpresse
Kartoffelreibe

SO LANG DAUERT'S: ca. 50 Min.
IM TOPF: ca. 30 Min.
PRO PORTION:
ca. 390 kcal | 10 g E | 5 g F | 76 g KH

1 Für die Knödel Kartoffeln waschen und 500 g in Salzwasser in 20–25 Min. weich kochen. Abgießen, auf dem Herd 5 Min. bei geringer Hitze ausdampfen lassen und schälen, abkühlen lassen und durch die Kartoffelpresse in eine Schüssel drücken.

2 Inzwischen übrige Kartoffeln schälen und mit der Kartoffelreibe fein in eine Schüssel reiben. Das »Mus« mit Knödelhilfe bestreuen, gut durchmischen und ca. 10 Min. stehen lassen (dabei setzt sich am Boden Stärke ab). Dann nach und nach das Kartoffelmus in ein Tuch geben und darin fest auspressen.

3 Rohe Kartoffeln und abgesetzte Stärke zu den gekochten Kartoffeln geben. Die Masse kräftig salzen, durchmengen und zu 8 gleich großen Knödeln formen. In reichlich kochendes Salzwasser geben und aufkochen lassen. Sobald alle Knödel an der Oberfläche schwimmen, den Deckel schräg auflegen und die Knödel ca. 30 Min. bei geringer Hitze ziehen lassen.

4 Für die Bröselbutter Toastbrot fein reiben. Butter in einer kleinen Pfanne schmelzen. Darin Brotbrösel in ca. 2 Min. goldbraun rösten. Knödel aus dem Wasser heben, abtropfen lassen, auf Tellern anrichten und die Bröselbutter darüber verteilen.

SEMMELKNÖDEL

Ohne Semmelknödel geht in Bayern nix, wenn's reichlich guade Soss gibt – beim Schweinsbratn, Rindsbratn, Gulasch und a beim Wuid.

HERRLICH LUFTIG

ZUTATEN FÜR 4 PERSONEN
(ca. 8 Knödel):
150 ml Milch
300 g fertig geschnittenes Knödelbrot (gibt's beim Bäcker oder im Supermarkt, ersatzweise altbackene Semmeln in Scheiben schneiden)
1 große Zwiebel
4–6 Stängel glatte Petersilie
2 EL Butter
4 Eier (M)
Salz | schwarzer Pfeffer aus der Mühle
frisch geriebene Muskatnuss
½ Bund Schnittlauch

SO LANG DAUERT'S: ca. 35 Min.
IM TOPF: ca. 25 Min.
PRO PORTION:
ca. 325 kcal | 15 g E | 12 g F | 39 g KH

1 Milch lauwarm erhitzen. Knödelbrot in einer Schüssel mit der Milch übergießen, 5 Min. ziehen lassen. Zwiebel schälen und fein würfeln. Petersilie abbrausen, trocken schütteln und grob hacken. Die Butter in einer Pfanne schmelzen, darin die Zwiebel in 3 Min. glasig dünsten, dann Petersilie unterrühren.

2 Eier verquirlen und mit der Zwiebelmischung zum Knödelbrot geben. Mit Salz, Pfeffer und Muskat würzen, kräftig durchmischen, 10 Min. ziehen lassen. Dann die Masse achteln und jede Portion mit angefeuchteten Händen zu Knödeln formen.

3 In einem großen Topf reichlich Wasser aufkochen, salzen. Knödel ins Wasser geben und ca. 5 Min. kochen lassen, dann Deckel auflegen und die Knödel bei geringer Hitze ca. 20 Min. nur noch sanft ziehen lassen. Schnittlauch abbrausen, trocken schütteln und in Röllchen schneiden. Die Knödel mit einem Schaumlöffel aus dem Wasser heben, in einer Schüssel oder auf Tellern anrichten und mit dem Schnittlauch bestreuen.

GUADA TIPP

Je nach Knödelbrot muss man mit der Milch »jonglieren«. Ist es sehr trocken, braucht man eventuell noch 50 ml Milch mehr. Ist die Masse zu feucht, einfach 1–2 EL Semmelbrösel einrühren.

SERVIETTENKNÖDEL

Früher wurde der Serviettenknödel in einem Baumwolltuch gegart. Daher stammt auch der Name. Heute nimmt man gerne Klarsicht- und Alufolie zum Einwickeln.

UNSCHLAGBAR GUAD

ZUTATEN FÜR 4–6 PERSONEN:

1 große Gemüsezwiebel
2 Semmeln (ca. 130 g)
70 g Butter
¼ l Milch
250 g fertig geschnittenes Knödelbrot (gibt's beim Bäcker oder im Supermarkt, ersatzweise altbackene Semmeln in Scheiben schneiden)
6 Eier (M)
6 Stängel glatte Petersilie
Salz | schwarzer Pfeffer aus der Mühle
frisch geriebene Muskatnuss
Sonst noch: Alu- und Klarsichtfolie

SO LANG DAUERT'S: ca. 35 Min.
IM TOPF: ca. 40 Min.
PRO PORTION (bei 6 Personen):
ca. 375 kcal | 14 g E | 18 g F | 39 g KH

1 Die Zwiebel schälen und fein würfeln. Die Semmeln 1 cm groß würfeln. In einer großen Pfanne 40 g Butter schmelzen. Darin die Semmelwürfel in 3–4 Min. goldbraun rösten, herausnehmen. Restliche Butter in der Pfanne schmelzen, darin die Zwiebel in 2 Min. glasig dünsten. Die Milch lauwarm erhitzen.

2 Das Knödelbrot in einer Schüssel mit der Milch begießen. Semmelwürfel, Zwiebel und Eier dazugeben, 20 Min. stehen lassen (nicht mischen!). Inzwischen die Petersilie abbrausen und trocken schütteln, Blättchen abzupfen und grob hacken.

3 Die Petersilie zur Knödelmasse geben, mit Salz, Pfeffer und Muskat würzen, alles locker zusammenmengen. 2 große Stücke Alufolie ausbreiten, gleich große Stücke Klarsichtfolie darauflegen. Jeweils die Hälfte der Knödelmasse der Länge nach auf der Folie verteilen, gut verschließen und zu einem wasserdichten, großen »Bonbon« (ca. 25 cm lang) aufrollen.

4 In einem großen breiten Topf reichlich Wasser aufkochen. Knödel einlegen, 20 Min. mit halb aufgelegtem Deckel kochen lassen. Herd ausschalten und die Knödel weitere 20 Min. im Wasser ziehen lassen. Die Serviettenknödel aus dem Wasser heben, auswickeln, in Scheiben schneiden und servieren.

BREZENKNÖDEL AUSM OFEN

Ein Gugelhupf muss nicht zwangsweise süß sein. Auch aus einer einfachen, herzhaften Knödelmasse wird eine wahre Augenweide.

RAFFINIERTER KNÖDELHUPF

ZUTATEN FÜR 4 PERSONEN:

4 altbackene Laugenbrezen (aber nicht zu hart)
150 ml Milch
250 g Zwiebeln
80 g Butter
6 Stängel glatte Petersilie
4 Eier (M)
Salz | schwarzer Pfeffer aus der Mühle
frisch geriebene Muskatnuss
Butter und Semmelbrösel für die Form

Sonst noch:
Gugelhupfform (ca. 1 l Inhalt)

SO LANG DAUERT'S: ca. 35 Min.
IM OFEN: ca. 50 Min.
PRO PORTION:
ca. 425 kcal | 13 g E | 27 g F | 32 g KH

1 Die Brezen 1 cm groß würfeln und in eine Schüssel geben. Milch lauwarm erhitzen und über die Brezen gießen. Zwiebeln schälen und fein würfeln. Butter in einer Pfanne schmelzen, darin die Zwiebeln in ca. 10 Min. goldbraun rösten. Petersilie abbrausen und trocken schütteln, Blättchen fein hacken und zum Schluss zu den Zwiebeln geben. Abkühlen lassen.

2 Eier trennen. Eigelbe und Zwiebeln zu den Brezen geben, mit Salz, Pfeffer und Muskat würzen. Alles gut vermengen und 10 Min. quellen lassen. Backofen auf 175° vorheizen. Eiweiße steif schlagen und vorsichtig unter die Brezenmasse heben.

3 Gugelhupfform mit Butter einfetten, mit Bröseln einstreuen. Brezenmasse in die Form füllen, glatt streichen und ein paarmal auf die Arbeitsfläche klopfen, sodass sich Lufteinschlüsse lösen. Die Form in einen ofenfesten hohen Topf oder in eine hohe Reine stellen und so viel heißes Wasser in den Topf oder die Reine gießen, dass die Form zu drei Viertel im Wasser steht.

4 In den Ofen (Mitte, Umluft 155°) schieben und den Knödel 45–50 Min. garen. Falls die Oberfläche zu dunkel werden sollte, mit Alufolie abdecken. Form aus dem Ofen nehmen, Knödel herausstürzen, in dicke Scheiben schneiden und servieren.

Diese klassischen Beilagen sind nicht nur bei Kindern sehr beliebt. Sie passen einfach zu Saucen aller Art – und natürlich auch hervorragend zu Schmorgerichten, die mit reichlich Bratensaft aufwarten können.

SPATZN

ES SCHWÄBELT

ZUTATEN FÜR 4 PERSONEN:

300 g Spätzlemehl (doppelgriffiges Mehl) oder Mehl (Type 405)
5 Eier (M) | 4 Eigelb (M)
Salz | frisch geriebene Muskatnuss
3 EL Butter
schwarzer Pfeffer aus der Mühle
Sonst noch: Spätzlehobel oder -presse

SO LANG DAUERT'S: ca. 30 Min.
PRO PORTION: ca. 475 kcal | 19 g E | 20 g F | 54 g KH

1 Mehl, Eier, Eigelbe und 2 EL kaltes Wasser in die Schüssel der Küchenmaschine geben (ersatzweise mit Rührschüssel und Handrührgerät arbeiten), mit Salz und Muskat würzen. Mit dem Knethacken in ca. 10 Min. zu einem glatten, zähflüssigen Teig schlagen.

2 In einem großen breiten Topf reichlich Salzwasser aufkochen (siehe Tipp). Etwas Teig in Spätzlehobel oder -presse geben, Teig in das kochende Wasser hobeln oder pressen, mit einem Kochlöffel »durcheinanderwirbeln«, aufkochen, kurz ziehen lassen. Die Spatzn mit einem Schaumlöffel aus dem Wasser heben, in ein Sieb geben, abschrecken, abtropfen lassen. Übrigen Teig ebenfalls zu Spatzn verarbeiten.

3 Die Butter in einer großen Pfanne schmelzen und aufschäumen lassen. Darin die Spatzn 2–3 Min. erwärmen. Mit Salz, Pfeffer und Muskat würzen.

GUADA TIPP

Den Kochtopf unbedingt randvoll mit Wasser füllen! So fallen die Spatzn aus Hobel oder Presse direkt ins Wasser und bleiben gleichmäßig dick, da sie keine Zeit haben, sich in der Luft »lang zu ziehen«.

SCHUPFNUDELN

NUDELN AUF BAYRISCHE ART

ZUTATEN FÜR 4 PERSONEN:

1 altbackene Semmel | 2 Eier (M)
250 g Mehl | Salz
frisch geriebene Muskatnuss
2–3 EL Butter | schwarzer Pfeffer aus der Mühle
Mehl zum Arbeiten

SO LANG DAUERT'S: ca. 40 Min.
PRO PORTION: ca. 340 kcal | 11 g E | 9 g F | 53 g KH

1 Semmel in lauwarmem Wasser 15 Min einweichen, dabei mehrmals wenden, dann gut ausdrücken und in die Schüssel der Küchenmaschine geben (ersatzweise mit Rührschüssel und Handrührgerät arbeiten). Die Eier und das Mehl mit in die Schüssel geben, mit Salz und Muskat würzen. Alles mit dem Knethaken in 3–4 Min. zu einem glatten Teig verkneten.

2 Teig auf der leicht bemehlten Arbeitsfläche zu 5 cm dicken Rollen formen, in 1 cm dicke Scheiben schneiden und mit bemehlten Händen zu kleinen Würsten rollen, die an beiden Enden spitz zulaufen. Reichleich Salzwasser aufkochen. Darin die Schupfnudeln in zwei Portionen je 3 Min. kochen lassen, mit einem Schaumlöffel aus dem Wasser heben, in ein Sieb geben, abschrecken, gut abtropfen lassen.

3 Die Butter in einer großen Pfanne schmelzen. Die Schupfnudeln darin in 1–2 Min. nur zart goldbraun anbraten (nicht zu dunkel braten, sonst werden sie trocken). Mit Salz und Pfeffer würzen.

MILLIRAHMKARTOFFELN

EINFACH UND GUAD

ZUTATEN FÜR 4 PERSONEN:
1 kg vorwiegend festkochende Kartoffeln
2 EL Butter
1 große Zwiebel
1 kleine Knoblauchzehe
100 g geriebener Emmentaler
400 g Sahne
Salz | schwarzer Pfeffer aus der Mühle
frisch geriebene Muskatnuss
Sonst noch: Alufolie

SO LANG DAUERT'S: ca. 25 Min.
IM OFEN: ca. 1 Std.
PRO PORTION: ca. 590 kcal | 14 g E | 44 g F | 34 g KH

1 Die Kartoffeln waschen, schälen und am besten auf der Vierkantreibe in ca. 2 mm dünne Scheiben hobeln. Eine ofenfeste Form (ca. 18 x 30 cm) mit ½ EL Butter einstreichen, dann die Kartoffeln darin dachziegelartig übereinanderschichten.

2 Den Backofen auf 200° vorheizen. Die Zwiebel und den Knoblauch schälen und fein würfeln. 1 EL Butter in einer Pfanne schmelzen. Darin Zwiebel und Knoblauch in 3 Min. glasig dünsten. Mit dem Käse auf den Kartoffen verteilen.

3 Die Sahne mit Salz, Pfeffer und Muskat würzen und über die Kartoffelscheiben gießen. Mit der restlichen Butter in Flöckchen belegen, mit Alufolie abdecken. Die Kartoffeln im Ofen (Mitte, Umluft 180°) in ca. 1 Std. goldbraun backen, dabei nach 45 Min. die Folie entfernen. Die Millirahmkartoffeln aus dem Ofen nehmen und ganz kurz ruhen lassen, dann am besten in der Form servieren.

GUADA TIPP

Die Millirahmkartoffeln passen besonders gut zu kurzgebratenem Wild, Lammrücken, Kalb, Rind und Schwein. Vor allem bei Gerichten mit wenig Sauce sind sie eine delikate Beilage.

KARTOFFELBREI

Über Jahrhunderte hinweg entwickelte sich der Name der heutigen Kartoffel. In manchen Gebieten bezeichnen sie die »alten Bayern« immer noch als »Erdäpfel« – was sicherlich ganz einfach eine Übersetzung des französischen »pommes de terre« ist.

SAMTIG UND BUTTRIG

ZUTATEN FÜR 4 PERSONEN:
1 kg mehligkochende Kartoffeln
Salz
100 ml Milch
frisch geriebene Muskatnuss
100 g Butter
Sonst noch: Kartoffelpresse

SO LANG DAUERT'S: ca. 20 Min.
IM TOPF: ca. 25 Min.
PRO PORTION: ca. 340 kcal | 5 g E | 22 g F | 31 g KH

1 Kartoffeln waschen, schälen, je nach Größe halbieren oder vierteln und in Salzwasser in 15–20 Min. weich kochen. Dann das Wasser abgießen, den Topf noch mal auf den Herd stellen und die Kartoffeln bei geringer Hitze offen in ca. 5 Min. ausdampfen lassen.

2 Die Milch aufkochen und mit Salz und Muskat würzen. Die Butter in kleine Würfel schneiden.

3 Ausgedampfte Kartoffeln durch die Kartoffelpresse in eine Schüssel oder in den Topf drücken – für einen ganz feinen Brei sogar noch ein zweites Mal. Dann nach und nach die Milch und die Butterwürfel mit einem Kochlöffel einrühren (siehe Tipps). Den Kartoffelbrei abschmecken und servieren.

GUADE TIPPS

Durch das Ausdampfen werden die Salzkartoffeln trocken und binden so den Brei besser. Man kann die Kartoffeln aber auch in der Schale kochen, noch heiß schälen und gleich weiterverarbeiten.
Kartoffelbrei niemals mit den Quirlen des Handrührgeräts oder mit einem Pürierstab glatt rühren, dann wird er nicht luftig, sondern zäh und glitschig.
Zum Warmhalten den Kartoffelbrei einfach in ein heißes Wasserbad stellen, mit Folie abdecken und kurz vorm Servieren nochmals durchrühren.
Das Basisrezept kann auf verschiedenste Art abgewandelt werden: klein geschnittenen Endiviensalat, Röstzwiebeln, frisch gehackte Petersilie oder kross gebratene Speckwürfel untermischen.

SO GEHT'S AA: KARTOFFEL-SELLERIE-BREI

600 g Knollensellerie und 400 g mehligkochende Kartoffeln waschen, schälen und 1 cm groß würfeln. In einen Topf geben und 200 g Sahne und 300 ml Milch dazugießen, salzen, aufkochen lassen und abgedeckt in 25–30 Min. weich garen und die Flüssigkeit sämig einkochen. Sellerie und Kartoffeln durch die Kartoffelpresse drücken, restliche sämige Kochflüssigkeit dazugeben. 80 g kalte Butter in kleine Würfel schneiden und nach und nach unter den Brei rühren. Mit Salz, schwarzem Pfeffer aus der Mühle und frisch geriebener Muskatnuss würzen. Passt besonders gut zu Wildgerichten.

Zu sehr vielen bayrischen Gerichten wird ein gemischter Salat serviert. Meist kommen hier Gurken-, Kraut-, Rettich-, Rote-Bete- und Kopfsalat mit auf den Teller. Alle Salatsorten sind lediglich mit einem ganz simplen Dressing angemacht, da so der Eigengeschmack der jeweiligen Gemüsesorten besser in den Vordergrund rückt.

GURKENSALAT

EINFACH ERFRISCHEND

ZUTATEN FÜR 4 PERSONEN:

1 große Salatgurke
Salz
150 g saure Sahne
50 g Naturjoghurt
2 EL Weißweinessig
1 TL Zucker
3 Stängel Dill
schwarzer Pfeffer aus der Mühle

SO LANG DAUERT'S: ca. 10 Min.
DURCHZIEHEN: ca. 20 Min.
PRO PORTION: ca. 70 kcal | 2 g E | 4 g F | 5 g KH

1 Die Gurke waschen und so schälen, dass grüne Schalenstreifen stehen bleiben. Gurke in 2–3 mm dicke Scheiben hobeln oder schneiden und in eine Schüssel geben, leicht salzen, 10 Min. ziehen lassen.

2 Sahne mit Joghurt, Essig und Zucker verrühren. Dill abbrausen und trocken schütteln, die Spitzen abzupfen, fein hacken und unter die Sauce rühren.

3 Die entstandene Flüssigkeit von den Gurken abgießen. Die Gurkenscheiben leicht ausdrücken, mit der Sauerrahmsauce verrühren und weitere 10 Min. ziehen lassen. Den Salat mit Salz und Pfeffer abschmecken und servieren.

KRAUTSALAT

KNACKIG UND WÜRZIG

ZUTATEN FÜR 4 PERSONEN:

500 g junger Spitzkohl | 1 große Zwiebel
4 EL Pflanzenöl | 1 TL Zucker
4 EL Apfelessig | 150 ml Gemüsebrühe
Salz | schwarzer Pfeffer aus der Mühle
2 Prisen Kümmel (ganz oder gemahlen)

SO LANG DAUERT'S: ca. 25 Min.
PRO PORTION: ca. 125 kcal | 2 g E | 10 g F | 5 g KH

1 Kohl waschen, längs halbieren, in feine Streifen schneiden, dabei den Strunk entfernen. Kohl in eine Schüssel geben. Zwiebel schälen und fein würfeln.

2 In einem Topf 2 EL Öl erhitzen, darin Zwiebel in 2–3 Min. glasig dünsten. Zucker darüberstreuen und in 1 Min. hell karamellisieren lassen. Mit Essig und Brühe ablöschen, mit Salz, Pfeffer, Kümmel würzen.

3 Die heiße Marinade über den Kohl gießen, gut durchmischen und den Salat mit Salz und Pfeffer abschmecken. Zum Schluss noch das restliche Öl untermischen. Den Salat je nach Geschmack kurz ziehen lassen oder sofort lauwarm genießen.

GUADA TIPP

Durch die heiße Marinade wird der Kohl gebrüht und somit etwas weicher, er bleibt aber trotzdem knackig im Geschmack. Gerade junge Kohlsorten eignen sich für diese Zubereitung. Möchte man dagegen Lagerkraut verwenden, müssen die Kohlstreifen gesalzen und kräftig durchgeknetet werden, bevor das Kraut noch 30 Min. durchzieht. Dann wird die Flüssigkeit abgegossen, das Kraut ausgedrückt und erst jetzt wie oben beschrieben angemacht. Oder das geschnittene Kraut kurz in kochendem Salzwasser bissfest garen, abgießen, eiskalt abschrecken und anschließend mit der Marinade und dem übrigen Öl vermischen.

O MARIA
Trösterin der Betrübten
Bitt für uns

FREITAGS-KUCHL

Katholisch ist er, der Bayer, und deshalb kommt Fleisch am Freitag – seinem Bußtag – nicht auf den Tisch. Des duad eahm aba gar nix, denn ein gschmackiger Fisch oder eine Dampfnudel schmecken ihm genauso guad.

AUFGSCHMOIZNE BROTSUPPN MIT BUTTERZWIEFE

Aus wenigen Zutaten ein tolles Gericht zaubern, das ist wohl die größte Kunst des Kochens – und eine Leichtigkeit für die bayrische Hausfrau.

EINFACH UND GUAD

ZUTATEN FÜR 4 PERSONEN:

250 g dunkles Bauern- oder Dinkelbrot (siehe Tipp)
1 große Gemüsezwiebel | 4 EL Butter
1 l Rindsbriah (S. 52, ersatzweise fertige Rinderbrühe)
Salz | schwarzer Pfeffer aus der Mühle
frisch geriebene Muskatnuss (nach Belieben)
2 Stängel glatte Petersilie

SO LANG DAUERT'S: ca. 25 Min.
PRO PORTION: ca. 350 kcal | 17 g E | 15 g F | 28 g KH

1 Brot in 1½ cm große Würfel schneiden. Zwiebel schälen, halbieren und in feine Streifen schneiden. 2 EL Butter in einer großen Pfanne schmelzen. Darin Brotwürfel bei mittlerer Hitze in 6–7 Min. goldbraun und knusprig rösten. Aus der Pfanne heben und auf Küchenpapier abtropfen lassen. Übrige Butter in der Pfanne schmelzen, darin die Zwiebel bei mittlerer bis starker Hitze in ca. 10 Min. goldbraun rösten.

2 Die Rindsbriah aufkochen und mit Salz, Pfeffer und eventuell Muskat abschmecken. Die Petersilie abbrausen und trocken schütteln, die Blättchen abzupfen und fein hacken.

3 Die Brotwürfel in vorgewärmten tiefen Tellern verteilen, Rindsbriah daraufgießen. Die Zwiebel und die Petersilie darauf verteilen und sofort servieren.

EXTRA GUAD: HAUSGMACHTS DINKELBROT

600 g Vollkorndinkelmehl und 150 g Dinkelmehl (Type 630) mit 1 geh. EL Salz in die Schüssel der Küchenmaschine geben, in der Mitte eine Mulde formen. ½ Würfel Hefe (ca. 20 g) in die Mulde bröseln und mit 50 ml lauwarmem Wasser verrühren, mit 1 geh. EL braunem Zucker bestreuen, 150 g Natursauerteig (Fertigprodukt) dazugeben. Die Schüssel mit einem Küchentuch abdecken, den Vorteig an einem warmen Ort ca. 15 Min. gehen lassen. Dann 450 ml lauwarmes Wasser, je 1 gestr. TL gemahlenen Koriander und Kümmel in die Schüssel geben und alles mit dem Knethaken zu einem glatten Teig verkneten (das dauert 5–8 Min.). Brotteig auf der leicht bemehlten Arbeitsfläche nochmals mit den Händen durchkneten, zu einem länglichen Laib formen, in einen gut bemehlten Brotbackkorb (ca. 35 cm lang) legen, abdecken und weitere 50 Min. gehen lassen. Einen Brotback- oder Pizzastein auf den Ofenboden legen, Ofen auf 230° (am besten Umluft, sonst auf 250° Ober- und Unterhitze) vorheizen. Brot auf den Stein stürzen, die Seiten des Laibs mit wenig Wasser bepinseln und 1 guten Schuss Wasser auf den Boden des Ofens träufeln. Das Brot 15 Min. anbacken, dann die Temperatur auf 190° (210° Ober- und Unterhitze) zurückschalten und das Brot in ca. 45 Min. fertig backen. Es ist fertig, wenn beim Klopfen auf den Boden des Brots ein hohles Geräusch zu hören ist. Dann aus dem Ofen nehmen und auskühlen lassen.

WURZLSUPPN MIT BROTWÜRFERL

Mei, so a hoaße, cremige Suppn schmeckt grad im Herbst oder Winter bsonders guad. Und das Schöne ist, man braucht nicht viel davon und wird trotzdem satt. Wer mag, kann noch eine Möhre mitkochen, dann wird das Ganze a bisserl süßer.

WOHLTUEND UND WÄRMEND

ZUTATEN FÜR 4 PERSONEN:

Für die Suppe:
1 Stück Knollensellerie (ca. 300 g)
150 g Petersilienwurzeln
1 kleine weiße Zwiebel
2 EL Butter
800 ml Gemüse- oder Geflügelbrühe (fertig oder selbst gemacht, S. 32 oder 59)
300 g Sahne
Salz | schwarzer Pfeffer aus der Mühle
Cayennepfeffer
frisch geriebene Muskatnuss

Für die Brotwürfel:
2 dicke Scheiben Dinkel- oder Weizenweißbrot
2 EL Butter

SO LANG DAUERT'S: ca. 45 Min.
PRO PORTION: ca. 390 kcal | 5 g E | 33 g F | 16 g KH

1 Für die Suppe den Knollensellerie, die Petersilienwurzeln und die Zwiebel schälen und in kleine Würfel schneiden. Die Butter in einem großen breiten Topf schmelzen. Darin die Zwiebel in ca. 3 Min. glasig andünsten. Den Sellerie und die Petersilienwurzel dazugeben, 5 Min. mitdünsten. Gemüse- oder Geflügelbrühe aufgießen, aufkochen und alles 25 Min. bei geringer Hitze köcheln lassen.

2 Inzwischen Weißbrot in 1–1 ½ cm große Würfel schneiden. Butter in einer großen Pfanne schmelzen. Darin die Brotwürfel bei mittlerer Hitze in 3–4 Min. goldbraun und knusprig rösten. Aus der Pfanne heben und auf Küchenpapier abtropfen lassen.

3 Die Sahne zur Suppe geben und weitere 5 Min. köcheln lassen. Dann die Suppe mit einem Pürierstab durchmixen, sodass sie cremig wird. Nochmals aufkochen lassen, mit Salz, Pfeffer, Cayennepfeffer und Muskat abschmecken. Die cremige Wurzlsuppn in vorgewärmten tiefen Tellern verteilen, mit den Brotwürferln bestreuen und sofort servieren.

GUADE TIPPS

Für Festtage kann man die Suppe ganz einfach aufpeppen. 50 g geräucherte Gänse- oder Entenbrust vom Fettrand befreien und in mundgerechte, hauchdünne Scheiben schneiden. Mit der Suppe in tiefen Tellern anrichten.
Als zusätzliche Einlage und zur Dekoration 2 kleine Petersilienwurzeln schälen und mit dem Sparschäler in feine Streifen oder mit der Vierkantreibe in dünne Scheiben schneiden. 500–600 g Frittierfett in einem kleinen hohen Topf oder in einer Fritteuse erhitzen. Darin die Petersilienwurzelstreifen oder -scheiben in 2–3 Min. goldbraun ausbacken, auf Küchenpapier kurz abtropfen lassen und leicht salzen. Gemüsechips auf die Suppe in den Tellern streuen.

BACKNER KARPFEN IM BIERTEIG MIT SALAT

Karpfen kommt in Bayern nicht nur freitags, sondern auch gerne an Weihnachten oder Silvester auf den Tisch. Ob er nun im Ganzen, halbiert oder als Filet zubereitet wird – entscheidend für den 1a-Geschmack ist immer die Qualität des Fisches.

ECHT BAYRISCH

ZUTATEN FÜR 4 PERSONEN:

Für den Salat:
200 g mehligkochende Kartoffeln | Salz
100 g Feldsalat | 100 g Endiviensalat
200 ml Rindsbriah (S. 52, ersatzweise fertige Rinderbrühe)
4 EL Branntweinessig
1 TL Zucker | 1 Prise gemahlener Kümmel
schwarzer Pfeffer aus der Mühle | 8 EL Pflanzenöl

Für den Fisch:
8 Stück Karpfenfilet (je ca. 90 g, ohne Haut, von einem nicht zu großen Karpfen)
2 Eier (M) | Salz
150 ml Bier (z. B. Helles) | 140 g Mehl
1 EL Pflanzenöl | 400 g Butterschmalz
schwarzer Pfeffer aus der Mühle
frisch gepresster Saft von ½ Zitrone

Sonst noch: Kartoffelpresse

SO LANG DAUERT'S: ca. 40 Min.
PRO PORTION: ca. 1540 kcal | 43 g E | 135 g F | 33 g KH

1 Für den Salat die Kartoffeln waschen und in Salzwasser in 20–25 Min. weich kochen. Inzwischen die Salate waschen und trocken schleudern. Die kleinen Wurzeln vom Feldsalat abschneiden, Endiviensalat in ½ cm breite Streifen schneiden. Für den Fisch die Karpfenfilets mit einer Pinzette von Gräten befreien.

2 Fertig gegarte Kartoffeln abgießen, schälen und durch die Kartoffelpresse drücken. Die Rindsbriah erhitzen und mit Essig und den Kartoffeln verrühren. Das Kartoffeldressing mit Salz, Zucker, Kümmel und Pfeffer abschmecken, zum Schluss noch das Öl unterrühren. Dressing warm halten (z. B. im Wasserbad).

3 Die Eier trennen. Eiweiße mit 1 Prise Salz steif schlagen. Eigelbe mit 1 Schuss Bier leicht anschlagen, dann nach und nach Mehl, übriges Bier und zuletzt das Öl unterrühren, bis ein glatter Teig entstanden ist. Eischnee unterheben und den Teig leicht salzen.

4 Das Butterschmalz in zwei großen tiefen Pfannen verteilen und schmelzen. Fischfilets mit Salz, Pfeffer und Zitronensaft würzen. Filets nacheinander durch den Teig ziehen, überschüssigen Teig etwas abtropfen lassen und die Filets ins heiße Schmalz legen. Filets 2 Min. braten, vorsichtig wenden und 1 Min. braten, wieder wenden und noch 1 Min. braten, bis sie auf beiden Seiten goldbraun sind. Die Fischfilets aus der Pfanne heben, auf Küchenpapier abtropfen lassen.

5 Lauwarmes Kartoffeldressing auf Tellern verteilen, beide Salatsorten darauf anrichten. Die Karpfenfilets dazugeben und servieren.

GUADE TIPPS

Vorsicht beim Essen! Denn wie der Hecht hat auch der Karpfen sogenannte Y-Gräten. Diese sind sehr fein und können beim Entgräten des rohen Fisches leicht übersehen werden.
Je nach Stärke der Karpfenfilets kann die Garzeit variieren: dickere Stücke brauchen etwas länger als dünnere. Wenn das Fischfleisch nach dem Backen noch schön saftig-glasig aussieht, ist es fertig.

FORELLENFILETS MIT MANGOLDGMIAS

In Bayerns zahlreichen Seen, Weihern und Bächen ist allerhand drin für einen abwechslungsreichen Speiseplan. Wir haben uns mal die Forelle rausgefischt, die es – richtig zubereitet – mühelos mit jedem hochgelobten Salzwasserfisch aufnehmen kann.

KROSS UND SAFTIG

ZUTATEN FÜR 4 PERSONEN:

Für das Gemüse:

400 g roter oder weißer Mangold
1 kleine Zwiebel | 1½ EL kalte Butter
2 Prisen Zucker | Salz
300 ml Gemüsebrühe | 100 g Sahne
schwarzer Pfeffer aus der Mühle
frisch geriebene Muskatnuss
1 Spritzer frisch gepresster Zitronensaft

Für den Fisch:

8 Forellenfilets (je ca. 100 g, mit Haut)
2 Eier (M) | 3 EL Mehl | 120 g Mandelblättchen
frisch gepresster Saft von ½ Zitrone
Salz | schwarzer Pfeffer aus der Mühle
6 EL Butterschmalz

SO LANG DAUERT'S: ca. 1 Std.
PRO PORTION: ca. 685 kcal | 46 g E | 50 g F | 10 g KH

1 Für das Gemüse Mangold waschen und putzen. Die Stiele von den Blättern abschneiden, dicke Stiele längs halbieren. Stiele schräg in ½ cm breite Stücke schneiden, die Blätter in grobe Stücke schneiden. Die Zwiebel schälen und in feine Würfel schneiden.

2 In einem Topf 1 EL Butter schmelzen. Darin die Zwiebel in ca. 4 Min. goldgelb anbraten. Mangoldstiele dazugeben, mit Zucker und Salz würzen und 5 Min. dünsten. Mit 150 ml Gemüsebrühe ablöschen, abdecken und bei geringer Hitze ca. 3 Min. köcheln lassen. Mangoldblätter unterrühren, übrige Brühe aufgießen, abgedeckt 10 Min. köcheln lassen.

3 Inzwischen für den Fisch die Forellenfilets mit einer Pinzette von den Gräten befreien. Die Eier in einem tiefen Teller mit einer Gabel verrühren. Mehl und Mandeln jeweils ebenfalls in tiefe Teller geben.

4 Die Sahne zum Mangoldgemüse gießen und in ca. 5 Min. sämig einkochen lassen. Kurz vorm Servieren restliche Butter klein schneiden und unter das heiße Gemüse rühren. Mit Salz, Pfeffer, Muskat und Zitronensaft abschmecken.

5 Zwischendurch die Forellenfilets mit Zitronensaft, Salz und Pfeffer würzen, im Mehl wenden, dann nur die Fleischseite durchs Ei ziehen und in die Mandeln drücken. Das Butterschmalz in zwei großen Pfannen schmelzen. Darin Filets zuerst auf der Mandelseite in ca. 3 Min. bei mittlerer Hitze goldbraun braten, dann vorsichtig wenden und ca. 1 Min. auf der Hautseite braten. Pfannen vom Herd nehmen und die Forellenfilets noch so lange in der Pfanne ziehen lassen, bis das Fett nicht mehr bruzelt. Das dauert ca. 3 Min.

6 Das Mangoldgemüse mit den kross gebratenen Forellenfilets auf vorgewärmten Tellern anrichten und servieren. Dazu passen Salzkartoffeln.

GUADA TIPP

Die Filets von ganz frisch geschlachteten Forellen am besten noch 1 Tag im Kühlschrank ruhen lassen, bevor sie in die Pfanne kommen, sonst drehen sie sich beim Braten auf.

DIE BAYERN UND DIE KATHOLISCHE KIRCHE

»Oh Heilige Zweifaltigkeit!«
(Karl Valentin)

Eine wohl recht typisch bayrische Eigentümlichkeit ist der hinterfotzige, bisweilen tiefschwarze Humor und der Hang zum Skurrilen. Wie sonst könnte man sich erklären, dass sich heute mit einer der bedeutendsten humoristischen Auszeichnungen, die die Bayern zu verleihen haben (ein nach dem äußerst beliebten Großkomiker Karl Valentin benannter Orden) kein geringerer als der derzeitig amtierende Papst schmücken darf. Immerhin ein Bayer.

Nun wird zwar von dem Schöpfer der Spruchweisheit »Du lieber Meingott« berichtet, dass er Kirchen – wenn überhaupt – mehr von außen als von innen wahrnahm und zudem katholische eher noch weniger, da er im protestantischen Geist erzogen worden war, doch in seiner Brieftasche bewahrte Karl Valentin zu jeglicher Zeit zwei Heiligenbilder auf: die Schwarze Madonna von Altötting und einen Schutzengel, der zwei Kinder über einen Steg leitet.

Wen wundert's? Schließlich ist die bayrische Welt eine zutiefst katholische: Mit der Gründung der Erzdiözese Freising im Jahr 739, gut tausend Jahre der geistliche Mittelpunkt des Bistums, prägt der Katholizismus den Alltag ebenso wie die Politik und Gastwirtschaft. Die Kirche ist fester Bestandteil jedes Dorfes. Statuen der Mutter Gottes, der Patrona Bavariae, stehen auf jedem größeren Marktplatz – in München, sowie in den übrigen sechs Bistümern Augsburg, Bamberg, Eichstätt, Passau, Regensburg und Würzburg. Die Landeshauptstadt hat ihren Namen sogar von Mönchen entlehnt.

Christliche Feiertage und Rituale sind Eckpfeiler im Jahreslauf: So werden an Mariä Lichtmess (2. Februar) in vielen Kirchen die Kerzen für das gesamte Jahr geweiht. Im Voralpenland versammeln sich noch heute so manche Familien zum Rosenkranzbeten, wobei für jedes Familienmitglied eine Kerze entzündet und aus ihrem Brennen die Zukunft gedeutet wird. Am Aschermittwoch beginnt nach dem wilden Faschingstreiben die Fastenzeit. Bis in die gegenwärtig Zeit zeichnet der Priester als Symbol der Buße und Reinigung ein Aschenkreuz auf die Stirn der Gläubigen. Bis zum Karsamstag wird nach den Regeln des Christentums gefastet. Das geht am allerbesten mit Brot, Wasser und Fisch – dem Symbol der Heiligen Urkirche. Fisch anstelle von Fleisch kommt in zahlreichen katholischen Haushalten übrigens auch freitags auf den Tisch, womit man nicht nur am Karfreitag, sondern auch an jedem gewöhnlichen Freitag dem Kreuzestod Jesu Christi gedenkt. Und so geht es fort im Jahresablauf über zahlreiche Feste, die ländliches Brauchtum und eine tief verwurzelte Gläubigkeit spiegeln – von Himmelfahrt über Erntedank bis hinein in den Advent. Dass man es in Bayern dabei viel schöner hat als so mancher Engel im Himmel, das wusste ebenfalls Karl Valentin: »Also in Ewigkeit nur im Jenseits umherfliegen und als einzige Beschäftigung, wie uns aus der Bibel bekannt, nur Hosianna singen, das kann die ersten acht Tage ganz unterhaltlich sein, aber, man denke sich das ewig – das muss unbedingt langweilig werden.«

SCHWAMMERLTOPF MIT PETERL

Schwammerl kon ma riacha, sogt der Bayer! Und wenn der Herbst kommt und die Witterung stimmt, packt einen das Fieber: Auf geht's in den Woid zum Schwammerlsuacha! Meist ist man alleine, höchstens zu zweit unterwegs, denn die guten Schwammerlplätze mit dem passenden Waldboden werden wie ein großer Schatz gehütet. Alle anderen gehen einfach der Nase nach.

UNSCHLAGBAR AROMATISCH

ZUTATEN FÜR 4 PERSONEN:

1 große Zwiebel | 1 Knoblauchzehe
1 Lorbeerblatt | 2 Nelken
90 g Butterschmalz | 50 g Mehl
800 ml Milch | 300 g Sahne
850 g gemischte Pilze (z. B. Pfifferlinge, Rotkappen, Steinpilze, Champignons, Egerlinge)
Salz | ¼ l Gemüsebrühe
schwarzer Pfeffer aus der Mühle
frisch geriebene Muskatnuss
1 Msp. fein abgeriebene Bio-Zitronenschale
2–3 Stängel glatte Petersilie

SO LANG DAUERT'S: ca. 1 Std. 10 Min.
PRO PORTION: ca. 650 kcal | 16 g E | 54 g F | 23 g KH

1 Die Zwiebel und den Knoblauch schälen. Zwiebel halbieren und das Lorbeerblatt mithilfe der Nelken auf eine Hälfte spicken. Restliche Zwiebelhälfte und den Knoblauch in kleine Würfel schneiden.

2 In einem kleinen Topf 50 g Schmalz schmelzen und das Mehl damit glatt verrühren. Die Milch nach und nach dazugießen und – am besten mit einem Schneebesen – glatt einrühren. Béchamelsauce aufkochen, 5–6 Min. bei geringer Hitze köcheln lassen. Gespickte Zwiebelhälfte dazugeben und die Sauce weitere 12 Min. köcheln lassen, dabei immer wieder mal umrühren, da sie leicht anbrennt. Dann 200 g Sahne einrühren und weitere 8 Min. köcheln lassen.

3 Zwischendurch Pilze putzen, mit einem feuchten Küchenpapier abreiben, größere Exemplare halbieren oder in ½ cm dicke Scheiben schneiden. Nach und nach etwas Butterschmalz in einer großen Pfanne schmelzen und darin die Pilze – nach Sorten getrennt – bei starker Hitze 3 Min. anbraten, leicht salzen und aus der Pfanne heben. Dabei nicht zu viele Pilze in die Pfanne geben, sonst verlieren sie zu viel Wasser.

4 Übriges Schmalz in der Pfanne schmelzen und darin Zwiebel- und Knoblauchwürfel ebenfalls 3 Min. anbraten. Mit Gemüsebrühe ablöschen, aufkochen. Pilze und Béchamelsauce zu dem Zwiebelsud geben und alles miteinander nochmals aufkochen. Mit Salz, Pfeffer, Muskat und Zitronenschale würzen.

5 Restliche Sahne mit einem Pürierstab cremig aufmixen und unter das Schwammerlragout rühren. Die Petersilie abbrausen und trocken schütteln, die Blättchen abzupfen, grob hacken und die Pilze damit verfeinern. Den Schwammerltopf in vorgewärmten tiefen Tellern anrichten und am besten mit Semmelknödeln (S. 89) servieren.

GUADA TIPP

Je nach Saison variiert das heimische Pilzangebot. Mit Pfifferlingen geht es im Juni los, dann folgen von Mitte Juni bis Oktober die Steinpilze, Rotkappen gibt es ab Juli/August. Zuchtpilze wie Champignons und Egerlinge kann man ganzjährig kaufen.

RAHMSPINAT MIT REHERL UND EI

Spinat und Ei ist wohl der Klassiker für die Freitagsküche. Jahrhundertkoch Eckart Witzigmann hob dieses Gericht in den Feinschmeckerhimmel und verfeinerte es zusätzlich noch mit frischen weißen Trüffeln. Bei uns gibt es aromatisch geröstete Reherl dazu.

KLASSISCH UND GUAD

ZUTATEN FÜR 4 PERSONEN:
1 kg junger Blattspinat
Salz | 1 Zwiebel
1 große Knoblauchzehe
400 g Reherl (Pfifferlinge)
5 EL Butter | 200 g Sahne
schwarzer Pfeffer aus der Mühle
frisch geriebene Muskatnuss
1 Prise Zucker
1 TL Butterschmalz
2 Prisen gemahlener Kümmel
8 Eier (M)

SO LANG DAUERT'S: ca. 1 Std.
PRO PORTION: ca. 470 kcal | 22 g E | 40 g F | 5 g KH

1 Den Blattspinat gründlich waschen und putzen. Den Spinat in kochendes Salzwasser geben, 3 Min. darin garen, in ein Sieb abgießen, kalt abschrecken. Den Spinat mit den Händen so lange auspressen, bis keine Flüssigkeit mehr herauskommt. Dann nach und nach den Spinat in kleinen Portionen in ein schmales hohes Gefäß geben und mit einem Pürierstab fein zerkleinern – so bleibt die grüne Farbe des Spinats schön leuchtend (zudem würde das Zerkleinern bei großen Mengen zu lange dauern).

2 Zwiebel und Knoblauch schälen. Zwiebel in feine Würfel schneiden. Vom Knoblauch 2 dünne Scheiben abschneiden, Rest ebenfalls fein würfeln. Die Pfifferlinge putzen und mit einem feuchten Küchenpapier abreiben, größere Exemplare halbieren.

3 In einem großen breiten Topf 2 EL Butter schmelzen und darin die Zwiebel- und Knoblauchwürfel ca. 2 Min. bei mittlerer Hitze anbraten. Die Sahne dazugießen und aufkochen, mit Salz, Pfeffer und Muskat würzen, in weiteren 2 Min. sämig einkochen lassen. Spinat einrühren und 2 Min. mitkochen lassen. 1 EL Butter in kleinen Flöckchen und den Zucker dazugeben und alles 5–6 Min. bei geringer Hitze köcheln lassen, ab und zu dabei umrühren, dann Spinat warm halten.

4 Zwischendurch Schmalz in einer großen Pfanne schmelzen. Darin die Pfifferlinge bei starker Hitze in 6–7 Min. anrösten, eventuell entstehende Flüssigkeit vollständig einkochen lassen. Knoblauchscheiben einlegen und die Pilze weitere 3 Min. braten. Mit Salz, Pfeffer und Kümmel würzen.

5 Übrige Butter in zwei großen Pfannen schmelzen und leicht salzen. Die Eier in eine Tasse aufschlagen, dann nacheinander vorsichtig in die Pfannen gleiten lassen und ca. 4 Min. bei geringer bis mittlerer Hitze braten. Die Eier sind perfekt, wenn die Eiweiße gestockt sind und keinen braunen Rand aufweisen, die Eigelbe beim Reinstechen weich herauslaufen.

6 Den Spinat eventuell nochmals mit dem Pürierstab aufmixen, abschmecken. Rahmspinat mit den Spiegeleiern und den Pfifferlingen auf vorgewärmten Tellern anrichten und servieren. Dazu passen Salzkartoffeln sehr gut.

KASSPATZN MIT RÖSTZWIEFE

Saftig, würzig und goldbraun überbacken – so sollten Kasspatzn sein: frisch gegarte Spatzn werden je nach Region in der Form im Ofen oder in der Pfanne auf dem Herd mit aromatischem Käse vollendet.

FÜR BOARISCHE MADLN UND BUAM

ZUTATEN FÜR 4 PERSONEN:

Für die Spatzn:

300 g Spätzlemehl (doppelgriffiges Mehl) oder Mehl (Type 405)
5 Eier (M) | 4 Eigelb (M)
Salz | frisch geriebene Muskatnuss
50 g Weißlacker (würziger Käse aus dem Allgäu, nach Belieben)
200 g mild-würziger Bergkäse
350 g Zwiebeln | 4 EL Butter
schwarzer Pfeffer aus der Mühle
200 g Sahne | 100 ml Gemüsebrühe
1 Bund Schnittlauch

Für die Röstzwiebeln:

1 kg Frittierfett
1½ große Gemüsezwiebeln
1½ EL Mehl
1 gestr. TL edelsüßes Paprikapulver

Sonst noch: Spätzlehobel oder -presse
Alufolie

SO LANG DAUERT'S: ca. 1 Std. 30 Min.
PRO PORTION: ca. 950 kcal | 38 g E | 60 g F | 65 g KH

1 Für die Spatzn Mehl, Eier, Eigelbe, 2 EL kaltes Wasser, Salz und Muskat mit der Küchenmaschine in ca. 10 Min. zu einem glatten, zähflüssigen Teig verarbeiten. Dann den Teig nach und nach in reichlich kochendes Salzwasser hobeln oder pressen, aufkochen und kurz ziehen lassen. Die Spatzn mit einem Schaumlöffel aus dem Wasser heben, in ein Sieb geben, abschrecken und abtropfen lassen. (Details für die Zubereitung auf S. 93 nachlesen.)

2 Den Weißlacker zerbröseln, den Bergkäse fein reiben. Die Zwiebeln schälen und in ca. ½ cm große Würfel schneiden. In einer großen Pfanne 2 EL Butter schmelzen. Darin Zwiebelwürfel bei mittlerer Hitze in 12–13 Min. goldbraun braten. Dann die übrige Butter und die Spatzn dazugeben, in ca. 3 Min. erwärmen. Mit Salz, Pfeffer und Muskat würzen. Die Sahne und Gemüsebrühe aufkochen.

3 Backofen auf 150° C (am besten Umluft, sonst 170° Ober- und Unterhitze) vorheizen. Die Spatzn-Zwiebel-Mischung und den Käse abwechselnd in eine Auflaufform oder Bratreine (ca. 18 x 30 cm) schichten, mit Käse abschließen. Die Sahnebrühe über die Spatzn gießen, mit Alufolie abdecken und im Ofen (Mitte) ca. 20 Min. backen. Dann die Folie abnehmen, die Ofentemperatur auf 200° (Umluft, 220° Ober- und Unterhitze) erhöhen und die Spatzn in 12–14 Min. goldbraun überbacken.

4 Inzwischen für die Röstzwiebeln das Frittierfett in einem hohen Topf erhitzen (160–170°). Gemüsezwiebeln schälen, in feine Ringe schneiden und mit Mehl und Paprika vermischen. Die Zwiebelringe portionsweise im heißen Fett in ca. 2 Min. goldbraun frittieren und auf Küchenpapier abtropfen lassen. (Details für die Zubereitung auf S. 77 nachlesen.)

5 Den Schnittlauch abbrausen, trocken schütteln und in feine Röllchen schneiden. Fertige Kasspatzn aus dem Ofen nehmen, mit den Röstzwiebeln und dem Schnittlauch garnieren und servieren – am besten mit einem gemischten Blattsalat.

STERZ MIT NA DICKN MILLI

Früher haben sich die Mütter und Hausfrauen ausgezeichnet, wenn sie aus wenigen Zutaten wos Guads auf den Tisch brachten. Der Sterz aus gekochten Kartoffeln gehört definitiv dazu und kitzelt auch sicherlich Ihre Geschmacksnerven.

GANZ WAS EINFACHES

ZUTATEN FÜR 4 PERSONEN:

1 kg mehligkochende Kartoffeln
Salz
150 g Mehl
80 g Butterschmalz
800 g Dickmilch

SO LANG DAUERT'S: ca. 35 Min.
IM OFEN: ca. 50 Min.
PRO PORTION: ca. 565 kcal | 15 g E | 27 g F | 64 g KH

1 Die Kartoffeln waschen und in Salzwasser in 20–25 Min. weich kochen. Kartoffeln abgießen, ausdampfen lassen, schälen und auskühlen lassen. Die Kartoffeln mit den Fingern zerquetschen und gleichmäßig auf der Arbeitsfläche verteilen, Mehl darübersieben. Beides mit den Händen nach und nach zu groben Streuseln vermengen.

2 Backofen auf 180° (am besten Umluft, sonst 200° Ober- und Unterhitze) vorheizen. Das Butterschmalz in einer Bratreine schmelzen. Die Kartoffelstreusel darin verteilen. Im Ofen (Mitte) ca. 35 Min. backen, dann mit einem Pfannenwender wenden und in weiteren 15 Min. goldbraun und knusprig braten.

3 Die Bratreine aus dem Ofen nehmen und den Sterz am besten gleich darin auf den Tisch stellen. Mit der Dickmilch servieren. Anstelle der Dickmilch passt auch Sauerkraut (S. 202) zum Sterz. Für die süße Variante kann Apfelkompott (siehe rechts) dazu gereicht werden.

GUADE TIPPS

Die Kartoffeln sollten unbedingt völlig ausgekühlt sein, bevor sie weiterverarbeitet werden. Mit heißen Kartoffeln entstehen keine zarten Streusel, sondern eine zähe und klebrige Masse.
Für 2 Personen kann man den Sterz auch in der Pfanne zubereiten. Dafür einfach 500 g Kartoffeln garen, zerkleinern und mit 75 g Mehl zu Streuseln verarbeiten. 60 g Butterschmalz in einer großen Pfanne schmelzen, darin die Streusel in ca. 10 Min. bei mittlerer Hitze goldbraun braten, dabei immer wieder mal durchrühren.

GUAD DAZU: APFELKOMPOTT

Dafür 500 g säuerliche Äpfel (z. B. Boskop) vierteln, schälen, entkernen und in ca. ½ cm dicke Spalten schneiden. 1 EL braunen Zucker in einem Topf bei mittlerer Hitze hell karamellisieren lassen, mit 100 ml Wasser ablöschen, aufkochen. Die Äpfel in den Topf geben. ¼ Vanilleschote der Länge nach aufschlitzen und das Mark herauskratzen, beides mit 2 kleinen Stücken Zimtstange zu den Äpfeln geben. Abgedeckt in 5–6 Min. weich kochen. Das Apfelkompott etwas abkühlen lassen und zu dem Sterz servieren.

DAMPFNUDELN MIT KRUSTERL

Ein bisschen Gefühl für Teig, Temperatur und Zeit braucht man schon, um guade Dampfnudeln aus dem Topf holen zu können. Denn ohne Gfui geht gar nix beim Kocha!

OBEN LUFTIG, UNTEN KNUSPRIG

ZUTATEN FÜR 4 PERSONEN:

Für die Dampfnudeln:
500 g Mehl | 80 g Zucker
200 ml Milch | 1 Würfel Hefe (42 g)
100 g Butter | 2 Eier (M)
Salz | 80 g Butterschmalz
Mehl für die Arbeitsfläche

Für die Sauce:
1 Vanilleschote | 600 ml Milch
6 Eigelb (M) | 80 g Zucker
1 Msp. gemahlener Zimt

SO LANG DAUERT'S: ca. 1 Std.
RUHEN: ca. 1 Std. 15 Min.
PRO PORTION: ca. 1230 kcal | 30 g E | 61 g F | 141 g KH

1 Das Mehl in die Schüssel der Küchenmaschine geben (ersatzweise mit Rührschüssel und Handrührgerät arbeiten), in die Mitte eine Mulde drücken, den Rand ringsherum mit Zucker bestreuen. Die Milch lauwarm erhitzen. 5 EL Milch abnehmen und in eine Tasse geben, die Hefe dazubröseln, 1 EL Mehl (aus der Schüssel) dazugeben, alles gut verrühren. Den Vorteig in die Mulde gießen. Abgedeckt an einem warmen Ort 20 Min. gehen lassen.

2 Die Butter grob würfeln und mit den Eiern zur restlichen Milch geben (nicht verrühren!). Eiermilch und 1 Prise Salz zum Vorteig geben. Alles mit dem Knethaken so lange verarbeiten, bis ein glatter Teig entstanden ist, der Blasen wirft. Hände und Arbeitsfläche kräftig mit Mehl einstäuben, den Teig aus der Schüssel heben und zur Kugel formen. Schüsselboden mit Mehl einstäuben, Hefeteig daraufsetzen, abdecken und weitere 20 Min. gehen lassen. Dann Hefeteig auf der bemehlten Arbeitsfläche erneut durchkneten und abgedeckt 20 Min. gehen lassen.

3 Hefeteig auf der Arbeitsfläche nochmals durchkneten, in 8 gleich große Stücke teilen und zu Kugeln formen. Die Teigkugeln auf ein bemehltes Holzbrett legen, abdecken und weitere 15 Min. gehen lassen.

4 Einen großen Topf (28 cm Ø) mit Butterschmalz einstreichen, 400 ml lauwarmes Wasser mit 1 Prise Salz hineingießen. Die Teigkugeln nebeneinander in den Topf legen. Den Topf erst mit einem Küchentuch abdecken (so wird das entstehende Kondenswasser aufgenommen), dann mit dem Deckel verschließen. Dampfnudeln 35–40 Min. bei mittlerer Hitze auf dem Herd garen, bis sie schön aufgegangen sind und am Boden eine goldbraune Kruste haben. Keinesfalls den Deckel öffnen, die Nudeln fallen sonst zusammen! Kurz stehen lassen, Deckel und Tuch abnehmen.

5 Inzwischen für die Sauce die Vanilleschote längs aufschlitzen und das Mark herauskratzen. Beides in die Milch geben, aufkochen und vom Herd nehmen. Die Eigelbe und den Zucker in einer Metallschüssel (möglichst mit rund gewölbtem Boden) mit einem Schneebesen glatt verrühren. Die heiße Milch nach und nach langsam unterrühren. Vanille-Eier-Milch über einem heißen Wasserbad so lange durchrühren, bis eine dickliche Sauce entstanden ist (das dauert 10–15 Min.), Vanilleschote entfernen. Die Sauce mit dem Zimt verfeinern, etwas abkühlen lassen und mit den Dampfnudeln servieren.

GRIESSAUFLAUF MIT KIRSCHEN

Die »süßen Bayern« lieben ihre Mehlspeisen, die sie gerne auch mal als Hauptgang genießen.

LUFTIG UND FRUCHTIG

ZUTATEN FÜR 4 PERSONEN:

300 g Sauerkirschen
1 Vanilleschote
80 g Butter
400 ml Milch
100 g Sahne
1 Msp. fein abgeriebene Bio-Orangenschale
1 Msp. fein abgeriebene Bio-Zitronenschale
125 g Weichweizengrieß
4 Eier (M)
1 Prise Salz
50 g Zucker
2 geh. EL Puderzucker
1 TL Butter und 1 EL Zucker für
die Form oder Reine

SO LANG DAUERT'S: ca. 30 Min.
IM OFEN: ca. 40 Min.
PRO PORTION: ca. 610 kcal | 15 g E | 37 g F | 54 g KH

1 Die Kirschen waschen, verlesen, entstielen und entsteinen. Die Vanilleschote der Länge nach aufschlitzen und das Mark herauskratzen.

2 Die Butter mit Milch, Sahne, Vanillemark und -schote sowie der Orangen- und Zitronenschale in einen Topf geben. Alles zusammen aufkochen, Grieß dazurieseln lassen und unter Rühren 3–4 Min. bei mittlerer Hitze kochen lassen. Die Vanilleschote entfernen, Grießmasse in eine Schüssel umfüllen und in ca. 10 Min. lauwarm abkühlen lassen, dabei immer wieder mal umrühren.

3 Die Eier trennen. Eiweiße mit Salz und Zucker mit den Quirlen des Handrührgeräts zu steifem Schnee schlagen. Die Eigelbe mit 1 geh. EL Puderzucker in ca. 3 Min. hellschaumig aufschlagen. Eigelbmasse mit dem Grießbrei glatt verrühren, den Eischnee vorsichtig mit einem Teigschaber unterheben.

4 Den Backofen auf 200° vorheizen. Eine ofenfeste Form oder eine Bratreine (ca. 18 x 28 cm) mit Butter einstreichen und mit Zucker bestreuen – auch die Ränder sollten gut mit Butter und Zucker vorbereitet sein. Ein Drittel der Grießmasse in die Form oder die Reine füllen und ein Drittel der Kirschen darauf verteilen, wieder ein Drittel Grießmasse und Kirschen einfüllen, dann jeweils das übrige Drittel darauf verteilen, dabei mit Kirschen abschließen.

5 Den Grießauflauf in den Ofen (Mitte, Umluft 180°) schieben und in ca. 40 Min. goldbraun backen. Den fertigen Auflauf aus dem Ofen nehmen, noch heiß mit übrigem Puderzucker bestäuben und sofort servieren oder vorher noch lauwarm abkühlen lassen.

GUADA TIPP

Außerhalb der Kirschsaison können Sie auf tiefgefrorene Kirschen zurückgreifen, notfalls auch auf Kirschen aus dem Glas. Einfach die TK-Kirschen gefroren, die Glaskirschen gut abgetropft mit der Grießmasse in die Form oder Reine einschichten und den Auflauf wie oben beschrieben backen.

PFANNAKUACHA MIT SELBER GMACHTA MARMELAD

Ob herzhaft oder süß – Pfannakuacha, de meng olle!

SCHMEGGAN DE GROSSN UND DE KLOANA

ZUTATEN FÜR CA. 8 GROSSE PFANNKUCHEN UND 6 KONFITÜREGLÄSER:

Für die Konfitüre:

500 g Rhabarber
500 g Erdbeeren
½ Vanilleschote
½ Bio-Zitrone
500 g Gelierzucker 2:1

Für die Pfannkuchen:

240 g Mehl
400 ml Milch
8 Eier (M)
1 Prise Salz
1 EL Zucker
8 EL Pflanzenöl
Puderzucker zum Bestäuben (nach Belieben)

Sonst noch:

6 Twist-off-Gläser (je 200 ml Inhalt)

SO LANG DAUERT'S: ca. 20 Min. (Konfitüre) und ca. 30 Min. (Pfannkuchen)

PRO STÜCK (PFANNKUCHEN): ca. 320 kcal | 12 g E | 18 g F | 28 g KH

PRO GLAS (KONFITÜRE): ca. 365 kcal | 1 g E | 0 g F | 87 g KH

1 Für die Konfitüre den Rhabarber waschen und die unteren holzigen Enden und die grünen Blätter abschneiden. Lösen sich dabei Fäden, diese mit abziehen. Den Rhabarber in 1½–2 cm große Stücke schneiden, dicke Stangen vorher der Länge nach halbieren. Die Erdbeeren waschen, putzen und je nach Größe halbieren oder vierteln. Die Vanilleschote der Länge nach aufschlitzen, das Mark herauskratzen. Die Zitrone heiß waschen und abtrocknen, Schale fein abreiben, 2 EL Saft auspressen. Alles mit dem Zucker in einem Topf gut miteinander vermischen.

2 Die Fruchtmischung unter Rühren langsam zum Kochen bringen, dann bei mittlerer Hitze noch 3 Min. kochen lassen. Mit einem Pürierstab leicht anmixen und noch 1 Min. weiterkochen lassen. Die Konfitüre kochend heiß in gut gesäuberte Gläser füllen, mit den Deckeln verschließen, auf den Kopf stellen und für 3–4 Min. so stehen lassen. Dann die Gläser wenden und die Konfitüre auskühlen lassen. Am besten im Kühlschrank oder an einem kühlen Ort aufbewahren.

3 Den Backofen auf 100° (Ober- und Unterhitze verwenden, Umluft ist nicht empfehlenswert) vorheizen. Für die Pfannkuchen Mehl in eine Schüssel geben. Nach und nach die Milch dazugießen, dabei mit einem Schneebesen rühren. Eier unterrühren, bis ein glatter, flüssiger Teig entstanden ist. Mit Salz und Zucker würzen und 10 Min. quellen lassen.

4 Etwas Öl in einer großen Pfanne (28 cm Ø, am besten beschichtet) erhitzen. 1 Schöpfer Teig hineingießen, dabei den Teig durch Schwenken der Pfanne gleichmäßig darin verteilen. Den Pfannkuchenteig bei mittlerer Hitze in ca. 1 Min. goldbraun backen, wenden und auch die zweite Seite in ca. 1 Min. goldbraun backen. Aus der Pfanne heben, auf eine hitzebeständige Platte legen und im Ofen warm halten. Aus dem übrigen Teig weitere Pfannkuchen backen.

5 Pfannakuacha dünn mit Marmelad bestreichen, aufrollen oder zusammenfalten. Nach Belieben mit ein wenig Puderzucker bestäuben und servieren.

RESTERLKUCHL

Heid samma Noagalzuzla und Resterlessa! Alles klar? Also, der letzte Rest im Maßkrug ist das Noagal, der's trinkt ist der Noagalzuzla. Der Schweinsbratn vom Vortag ist a Resterl, und der's im Bauernschmaus-Pfandl isst, ist da Resterlessa.

BAUERNSCHMAUS-PFANDL

Sommer wie Winter schmeckt dieses herzhafte Pfandl mit Bohnen, resch gebratenen Kartoffeln und Schweinsbratn vom Vortag. Sie werden sehen, nach Resterl schaut dieses Essen nicht aus!

DEFTIGER SATTMACHER

ZUTATEN FÜR 2 PERSONEN:

100 g breite grüne Bohnen
Salz
60 g geräuchertes Wammerl (Bauchspeck)
½ Zwiebel
½ Knoblauchzehe
250 g kalter gegarter Schweinsbratn (S. 71)
300 g kalte gegarte Pellkartoffeln
1 EL Butterschmalz
schwarzer Pfeffer aus der Mühle
1 Prise Kümmelsamen
2 Stängel glatte Petersilie
1 Stängel Majoran

SO LANG DAUERT'S: ca. 35 Min.
PRO PORTION: ca. 400 kcal | 37 g E | 17 g F | 25 g KH

1 Die breiten Bohnen waschen, putzen und die Enden abknipsen. Die Bohnen in 2 cm große Stücke schneiden. Reichlich Salzwasser aufkochen und die Bohnen darin in ca. 7 Min. bissfest garen, dann in ein Sieb abgießen, eiskalt abschrecken und gut abtropfen lassen (siehe Tipps).

2 Zwischendurch das Wammerl in nicht zu kleine Würfel schneiden. Zwiebel schälen und 1 cm groß würfeln, Knoblauch schälen und fein hacken. Den Schweinsbratn in 2 cm große Würfel schneiden. Die Kartoffeln schälen und in ca. 1 cm dicke Scheiben schneiden.

3 Butterschmalz in einer großen Pfanne schmelzen. Die Kartoffelscheiben nebeneinander in der Pfanne ausbreiten und bei mittlerer Hitze 1 Min. braten. Das Wammerl dazugeben und beides ca. 2 Min. weiterbraten, bis die Kartoffeln goldbraun sind. Kartoffelscheiben wenden, die Zwiebel dazugeben und 3 Min. braten. Das Fleisch und den Knoblauch dazugeben und alles weitere 2 Min. braten, dabei ab und zu umrühren. Bohnen ganz zum Schluss untermischen und in ca. ½ Min. erwärmen. Das Pfandl mit Salz, Pfeffer und Kümmel würzen.

4 Petersilie und Majoran abbrausen und trocken schütteln, die Blättchen abzupfen und nicht zu fein hacken. Die Kräuter in das Pfandl streuen, alles durchschwenken und servieren. Falls Sie noch ein paar Löffel Schweinsbratnsauce (S. 71) oder auch dunkle Soss (S. 76) zur Hand haben – wäre das das i-Düpferl für den Bauernschmaus.

GUADE TIPPS

Je nach Bohnensorte kann die Garzeit ein wenig variieren. Deshalb lieber öfters mal prüfen, wie weit sie sind. Die Bohnen sollten beim Reinbeißen auf keinen Fall mehr »quietschen«.
Die grünen Bohnen nach dem Kochen sofort mit eiskaltem Wasser abschrecken, auf diese Weise wird der Garprozess sofot unterbrochen und die schöne grüne Farbe bleibt erhalten.
Wer frisches Bohnenkraut zu Hause hat, kann davon 1 Zweig zum Kochen mit ins Wasser legen. Das hocharomatische Kraut unterstützt den Geschmack der Bohnen perfekt.

de BUYER
1830 - FRANCE

Gansgröstl mit Apfel

SCHNELL UND GSCHMACKIG

ZUTATEN FÜR 2 PERSONEN:

250 g kaltes gegartes Gänsefleisch (aus Keule oder Brust, S. 180)
2 kalte gegarte Kartoffelknödel (ca. 350 g, S. 88)
1 Zwiebel
½ Apfel (z. B. Boskop)
1½ EL Gänseschmalz
1 Prise getrockneter Beifuß (nach Belieben)
Salz | schwarzer Pfeffer aus der Mühle

SO LANG DAUERT'S: ca. 20 Min.
PRO PORTION: ca. 475 kcal | 31 g E | 23 g F | 34 g KH

1 Gänsefleisch in ca. 2 cm große Stücke schneiden. Die Knödel halbieren und in ca. 1 cm dicke Scheiben schneiden. Zwiebel schälen und fein würfeln. Apfel waschen (wer mag, schält ihn), halbieren, entkernen und ebenfalls in kleine Würfel schneiden.

2 In einer großen Pfanne 1 EL Schmalz erhitzen. Darin die Knödel 2 Min. bei starker Hitze anbraten, wenden, Zwiebel dazugeben, 2 Min. weiterbraten. Jetzt übriges Schmalz und das Fleisch unterrühren und 1 Min. mitbraten. Die Apfelwürfel und eventuell Beifuß dazugeben und alles weitere 5 Min. braten. Das Gröstl mit Salz und Pfeffer würzen, auf Tellern anrichten. Falls noch Gänsesauce (S. 180) übrig sein sollte, aufkochen lassen und das Gansgröstl damit beträufeln. Servieren.

GUAD DAZU: BLAUKRAUTSALAT

1 EL Zucker in einem Topf hellbraun karamellisieren. 150 g Quittenfleisch in dünnen Steifen dazugeben, mit 100 ml Apfelsaft ablöschen, abgedeckt 5 Min. bei geringer Hitze köcheln, dann abkühlen lassen. 350 g Blaukraut in sehr feinen Streifen mit 3 EL Apfelessig, Salz und Pfeffer würzen, gut durchmischen, 15 Min. marinieren lassen. Die Quitte ohne den Sud mit 3 EL Traubenkernöl unter das Kraut mischen. Salat mit je 1 Prise gemahlenem Zimt und Piment abschmecken.

ABGRESCHTE KNÖDEL MIT EI

Bayern ohne Knödel ist wie ein Winter ohne Schnee. Und damit das nicht passiert, lässt man sich allerhand einfallen. So kommen etwa übrig gebliebene Knödel in die Pfanne – oft noch mit Braten vom Vortag und Zwiebeln – und werden als deftiges Resterlessen auf den Tisch gestellt.

SCHNELL UND PREISWERT

ZUTATEN FÜR 2 PERSONEN:

400 g kalte gegarte Semmel-, Servietten- oder Brezenknödel (S. 89–91)
½ Zwiebel
1 Frühlingszwiebel
1 großer Stängel glatte Petersilie
2 Eier (M)
2 EL Butter
Salz | schwarzer Pfeffer aus der Mühle
frisch geriebene Muskatnuss
1 Prise gemahlener Kümmel
100 ml Rindsbriah (S. 52, ersatzweise fertige Rinderbrühe)
1 EL mittelscharfer Senf
1 TL süßer Senf
50 g Sahne

SO LANG DAUERT'S: ca. 20 Min.
PRO PORTION: ca. 865 kcal | 16 g E | 29 g F | 21 g KH

1 Die Knödel halbieren und in ½ cm dicke Scheiben schneiden. Die Zwiebel schälen und in feine Würfel schneiden. Die Frühlingszwiebel waschen, putzen und schräg in dünne Ringe schneiden. Die Petersilie abbrausen und trocken schütteln, die Blättchen abzupfen und ein paar davon zur Seite legen, den Rest grob hacken. Die Eier in einer Schüssel verrühren.

2 Butter in einer großen Pfanne schmelzen. Darin die Knödel 1 Min. bei mittlerer Hitze braten. Zwiebel und das Weiße der Frühlingszwiebel dazugeben und 4 Min. braten. Das Grüne der Frühlingszwiebel einstreuen, 2 Min. braten. Mit Salz, Pfeffer, Muskat und Kümmel würzen. Die Eier mit der gehackten Petersilie über die Knödel geben und in 30 Sek. stocken lassen, dabei immer wieder durchrühren. Warm halten.

3 Zwischendurch die Rindsbriah mit beiden Senfsorten in einem kleinen Topf unter Rühren aufkochen. Sahne unterrühren, die Sauce nochmals aufkochen und in ca. 2 Min. bei mittlerer Hitze sämig einkochen lassen. Mit Salz und Pfeffer abschmecken. Knödel mit der Sauce auf Tellern anrichten, restliche Petersilie darüberstreuen, servieren.

GUADA TIPP

Für eine herzhaftere Variante schneidet man 50 g geräuchertes Wammerl (Bauchspeck) in kleine Würfel und gibt es mit der Zwiebel zu den Knödeln.

GUAD DAZU: FELDSALAT MIT ROTE-RANA-DRESSING

Dafür ½ kleine Zwiebel schälen, fein würfeln und in 1 EL Pflanzenöl in 2 Min. glasig dünsten. 2 EL Apfelessig und 50 ml Gemüsebrühe dazugießen, mit ½ TL Zucker, Salz und Pfeffer würzen, aufkochen und vom Herd nehmen. 50 g gegarte Rote Bete schälen, ebenfalls klein würfeln und in eine kleine Schüssel geben. Mit dem heißen Dressing übergießen, 1 Prise gemahlenen Kümmel dazugeben, 3 EL Pflanzenöl einrühren und das Dressing 30 Min. ziehen lassen. 100 g Feldsalat waschen, putzen, mit dem Dressing mischen.

Schupfnudeln kann man auf Weihnachts- oder mittelalterlichen Gauklermärkten entdecken. Aus riesengroßen Pfannen duftet es herrlich nach dieser süddeutschen Leibspeise, die nicht nur als Beilage auf den Teller kommt – Schupfnudeln stehen auch ganz gut alleine da, pikant wie süß.

SCHUPFNUDELN MIT KRAUT

HERZHAFT UND PREISWERT

ZUTATEN FÜR 2 PERSONEN:

80 g geräuchertes Wammerl (Bauchspeck)
1–2 TL Butterschmalz
250 g gegarte Schupfnudeln (S. 93)
400 g gegarte Sauerkraut (S. 202)
2 EL Sahne
Salz | schwarzer Pfeffer aus der Mühle
1–2 Prisen gemahlener Kümmel

SO LANG DAUERT'S: ca. 15 Min.
PRO PORTION: ca. 280 kcal | 13 g E | 18 g F | 13 g KH

1 Das Wammerl in ca. 4 cm lange und ½ cm dicke Streifen schneiden. Mit dem Butterschmalz in eine kalte große Pfanne geben, auf den Herd stellen und bei geringer Hitze langsam erhitzen, also den Speck in 4–5 Min. sanft ausbraten.

2 Dann die Schupfnudeln in die Pfanne geben und 2 Min. darin anbraten. Sauerkraut untermischen und in ca. 3 Min. erwärmen. Mit der Sahne verfeinern, mit Salz, Pfeffer und Kümmel würzen. Die Schupfnudeln auf Tellern oder gleich in der Pfanne servieren.

GUADA TIPP

Gibt man das Wammerl in eine kalte Pfanne und stellt erst dann die Herdplatte an, so wird es schön langsam kross ausgebraten und trocknet dabei nicht aus. Das empfiehlt sich auch für Frühstücksspeck. Je nach Fettanteil des Specks benötigen Sie dabei zum Braten 1–2 TL Butterschmalz oder Pflanzenöl.

SO GEHT'S AA:

Statt Schupfnudeln und Sauerkraut aus eigener Produktion kann man auch fertiges 3-Min.-Dosensauerkraut und Schupfnudeln aus dem Kühlregal nehmen.

SCHUPFNUDELN MIT VANILLE-MOHN-BUTTER

SÜSS UND SCHNELL

ZUTATEN FÜR 2 PERSONEN:

2 EL Butter
2 TL gemahlener Mohn
200 g gegarte Schupfnudeln (S. 93)
2 TL Vanillezucker (siehe Tipp)

SO LANG DAUERT'S: ca. 5 Min.
PRO PORTION: ca. 170 kcal | 3 g E | 11 g F | 14 g KH

1 Die Butter in einer großen Pfanne aufschäumen lassen. Mohn unterrühren und kurz ziehen lassen. Schupfnudeln dazugeben und ca. 1 Min. bei mittlerer Hitze braten. Vanillezucker darüberstreuen und die Nudeln noch 1 Min. braten. Dabei verfärbt sich die Butter und erhält einen leicht nussigen Geschmack.

2 Die heißen Schupfnudeln mit der Mohnbutter auf Tellern oder gleich in der Pfanne servieren.

GUADA TIPP

In einer ausgekratzten Vanilleschote steckt noch sehr viel Aroma. Also bitte nicht wegwerfen, sondern für selbst gemachten Vanillezucker verwenden. Dafür die Vanilleschote in ein Schraubglas stecken, mit Zucker bedecken, das Glas verschließen und ein paar Tage stehen lassen. So nimmt der Zucker den Geschmack der Vanilleschote an. Um diesen noch ein wenig zu intensivieren, kann man auch immer wieder neue Schoten in den Zucker stecken. Selbst gemachter Vanillezucker ist ein tolles Produkt und garantiert besser als gekaufter.

GFÜLLTER LEBERKAS IM KNUSPRIGEN BROTMANTEL

Für einen abgebräunten Leberkäse brauche ich doch kein Rezept – bestimmt nicht. Vielleicht aber doch, wenn er raffiniert gefüllt und mit einem knusprigem Brotmantel umgeben sein soll.

RAFFINIERT UND BODENSTÄNDIG

ZUTATEN FÜR 4 PERSONEN:

4 Scheiben Leberkäse (je ca. 170 g schwer und 2 cm dick)
8 TL süßer Senf
8 große, hauchdünne Scheiben Bauernbrot (je ca. 20 g)
4 EL weiche Butter
2 Stängel glatte Petersilie
einige Schnittlauchhalme
4 Eier (M)
Salz | schwarzer Pfeffer aus der Mühle

SO LANG DAUERT'S: ca. 20 Min.
PRO PORTION:
ca. 730 kcal | 39 g E | 56 g F | 19 g KH

1 Die Leberkäsescheiben quer halbieren, auf das Arbeitsbrett legen und in jede Hälfte eine Tasche einschneiden. Mit je 1 TL Senf füllen und die Einschnitte leicht zusammendrücken. Brotscheiben mit je 1 TL Butter bestreichen, Leberkäse darauflegen und im Brot einwickeln, dabei das Brot gut andrücken. Kräuter abbrausen und trocken schütteln, die Petersilienblättchen abzupfen und grob hacken, den Schnittlauch fein schneiden.

2 Den Backofen auf 120° (Ober- und Unterhitze verwenden, Umluft ist nicht empfehlenswert) vorheizen. Die übrige Butter in zwei großen Pfannen schmelzen. Darin die Brotpäckchen bei mittlerer Hitze ca. 2 Min. braten, wenden und weitere 3 Min. braten. Dabei die Päckchen immer wieder einmal umdrehen, bis sie rundherum knusprig sind. Dann auf ein Backblech legen und im Ofen (Mitte) warm halten.

3 Die Eier in eine Tasse aufschlagen und dann nacheinander in eine der beiden Pfannen gleiten lassen. Mit der Petersilie bestreuen, mit Salz und Pfeffer würzen und die Eier in 2–3 Min. stocken lassen. Die Spiegeleier mit dem Leberkäse im Brotmantel auf Tellern anrichten. Mit dem Schnittlauch bestreuen und servieren.

STRAMMER MAX MIT WACHTELEI

Hier wird einfache Hausmannskost geadelt und ist als edles Fingerfood ein echter Hingucker.

WAS BSONDERS

ZUTATEN FÜR 4 PERSONEN:

120 g gekochter Schinken
(in dünnen Scheiben)
einige Salatblätter zum Garnieren
(z. B. Feld- oder Endiviensalat)
2 EL Butter
12 kleine Scheiben Roggenkastenbrot
Salz
12 Wachteleier
schwarzer Pfeffer aus der Mühle

Sonst noch:

Kreis- bzw. Plätzchenausstecher
aus Metall (ca. 5 cm Ø)

SO LANG DAUERT'S: ca. 15 Min.

PRO PORTION:

ca. 250 kcal | 14 g E | 9 g F | 26 g KH

1 Den Schinken in Größe der Brotscheiben zuschneiden, abdecken und bis zur Verwendung kalt stellen. Die Salatblätter abbrausen und trocken tupfen, größere Blätter etwas kleiner zupfen, Salat zur Seite stellen.

2 Nach und nach ein wenig Butter in einer großen Pfanne schmelzen und die Brotscheiben darin bei mittlerer Hitze jeweils 1 Min. braten, wenden, noch 1 Min. braten, aus der Pfanne heben und auf Küchenpapier abtropfen lassen.

3 Die in der Pfanne verbliebene Butter leicht salzen. Nacheinander die Wachteleier mit einem Messer vorsichtig anritzen, in eine kleine Tasse geben, den Ausstecher in die Pfanne setzen, das Ei hineingießen, leicht stocken lassen und den Ausstecher abnehmen. Die Wachteleier ca. 2 Min. braten.

4 Die Brotscheiben auf kleinen Tellern anrichten, mit Salatblättern und Schinkenscheiben belegen und je 1 Wachtelei daraufgeben. Mit dem Pfeffer übermahlen und servieren.

GUADA TIPP

Wer kein kleines Kastenbrot bekommt, kann auch große Brotscheiben passend zuschneiden.

RINDFLEISCHSALAT MIT BLUMENKOHL

Ein tolles Sommergericht, in dem die besten Zutaten einer hausgemachten Brühe vereint sind!

RAFFINIERT UND FEIN

ZUTATEN FÜR 2 PERSONEN:

1 Ei (M)
100 g Blumenkohlröschen
Salz
300 g kaltes gegartes Rindfleisch (z. B. Tafelspitz, Ochsenbrust oder Zwerchrippe)
je 100 g gegarte Möhren und gegarten Knollensellerie (vom Tafelspitz oder einem Suppenansatz)
½ Bund Schnittlauch
100 ml Rinderbrühe (z. B. vom Tafelspitz, fertige Rinderbrühe oder Rindsbriah, S. 52)
2 EL Weißweinessig
2 EL Apfelessig
1 Prise Zucker
schwarzer Pfeffer aus der Mühle
2 EL Traubenkernöl (ersatzweise Sonnenblumenöl)
2 TL Meerrettich (aus dem Glas)

SO LANG DAUERT'S: ca. 30 Min.
PRO PORTION: ca. 460 kcal | 44 g E | 26 g F | 8 g KH

1 Ei in kochendes Wasser geben und in ca. 10 Min. hart kochen. Die Blumenkohlröschen in reichlich kochendes Salzwasser geben und in 5–6 Min. weich garen. Dann den Kohl in ein Sieb abgießen und eiskalt abschrecken. Das Ei ebenfalls kalt abschrecken, schälen und in kleine Würfel schneiden.

2 Zwischendurch Rindfleisch in möglichst dünne Scheiben schneiden. Das geht am besten mit einer Brotschneidemaschine. Die Möhren und den Sellerie in kleine Würfel schneiden. Schnittlauch abbrausen, trocken schütteln und in feine Röllchen schneiden.

3 Die Rinderbrühe lauwarm erhitzen und Möhren- und Selleriewürfel darin erwärmen. Die Brühe mit Weißweinessig, Apfelessig, Zucker, Salz und Pfeffer verrühren, zum Schluss noch das Öl unterrühren. Den Blumenkohl und das Ei zum Dressing geben.

4 Die Fleischscheiben auf flachen Tellern auslegen und mit dem Gemüsedressing bedecken. Mit dem Schnittlauch bestreuen und mit Pfeffer übermahlen. Je 1 TL Meerrettich dazugeben und den Rindfleischsalat servieren. Dazu passt sehr gut Bauernbrot.

GUADE BASIS: TAFELSPITZ

In einem großen Topf ca. 3 l Wasser zum Kochen bringen. 750 g Tafelspitz (ohne Sehnen und Parüren) leicht salzen, in einer Pfanne in 2 EL Pflanzenöl ringsherum in 3 Min. anbraten, dann ins kochende Wasser geben. 3 Suppenknochen und 1 Markknochen ebenfalls dazugeben. Alles aufkochen, dabei den Schaum ab und zu abschöpfen, dann das Fleisch bei geringer Hitze 1 Std. sanft köcheln lassen. 2 Möhren, 1 Stück Knollensellerie (ca. 300 g) und 1 Zwiebel schälen und halbieren. 1 Stück Lauch (ca. 80 g) putzen und waschen, 6–8 Stängel Petersilie abbrausen. Gemüse und Petersilie mit 1 angedrückten Knoblauchzehe, je 1 TL schwarzen Pfefferkörnern, Wacholderbeeren und Pimentkörnern sowie 2 Lorbeerblättern in den Topf geben. Alles in weiteren 2 Std.–2 Std. 30 Min. weich garen. Fleisch und Gemüse aus der Brühe heben, die Brühe durch ein Sieb gießen. Daraus z. B. den Rindfleischsalat zubereiten oder auch mit frischem Meerrettich genießen oder mit Steckrübengemüse (S. 82). Die Brühe kann übrigens ausgekühlt auch portionsweise eingefroren und später verwendet werden.

LAUGENSTANGERLSALAT MIT KAS UND RADI

Dass Bayern und Italiener Seelenverwandte sind, ist wohl bekannt. Beide schätzen tolle Kombinationen aus einfachsten Zutaten. Diese bayrische Antwort auf den bekannten italienischen Brotsalat »Panzanella« ist also kaum verwunderlich.

EINFACH UND PREISWERT

ZUTATEN FÜR 4 PERSONEN:

3 junge rote Radi (Rettiche)
1 kleine Salatgurke
2 Stangen Staudensellerie
180 g milder Bergkäse (ohne Rinde)
4 altbackene Laugenstangen (1–2 Tage alt)
60 g Butter
150 ml Gemüsebrühe
4 EL Weißweinessig
4 EL Apfelessig
2 TL Zucker
Salz | schwarzer Pfeffer aus der Mühle
5 EL Traubenkernöl (ersatzweise Sonnenblumenöl)
½ Bund Schnittlauch

SO LANG DAUERT'S: ca. 30 Min.
PRO PORTION: ca. 560 kcal | 18 g E | 40 g F | 31 g KH

1 Rettiche mit einer Gemüsebürste unter fließendem Wasser gründlich abbürsten, der Länge nach halbieren und quer in 3 mm dünne Scheiben hobeln oder schneiden. Die Gurke waschen und so schälen, dass grüne Schalenstreifen stehen bleiben. Gurke der Länge nach vierteln, Kerne herausschneiden, Gurkenstücke nochmals längs halbieren und dann schräg in 1½ cm große Stücke schneiden. Sellerie waschen, putzen, der Länge nach halbieren und schräg in ½ cm dicke Stücke schneiden. Den Käse klein würfeln.

2 Die Laugenstangen der Länge nach halbieren und quer in 1½ cm breite Stücke schneiden. Butter in einer großen Pfanne schmelzen. Darin die Laugenstangenstücke ringsherum in 4–5 Min. bei mittlerer Hitze goldbraun rösten. Aus der Pfanne heben und auf Küchenpapier abtropfen lassen.

3 Die Gemüsebrühe lauwarm erhitzen und mit Weißweinessig, Apfelessig, Zucker, ein wenig Salz (siehe Tipps) und Pfeffer verrühren. Zum Schluss noch das Öl unters Dressing rühren. Schnittlauch abbrausen, trocken schütteln und in feine Röllchen schneiden.

4 Die Laugenstangen mit Rettichen, Salatgurke, Staudensellerie und dem Bergkäse in eine Schüssel geben. Mit dem Dressing begießen, alles vorsichtig miteinander vermischen. Salat abschmecken, mit Schnittlauch bestreuen und servieren.

GUADE TIPPS

Das Dressing erst mal nur ganz leicht salzen, da die Laugenstangen bereits salzig sind. Lieber den Salat zum Schluss noch kräftig nachwürzen.
Außerdem sollte man den Salat nicht zu lange stehen lassen, damit Gemüse und Käse schön knackig und die Laugenstangen kross bleiben.

ARME RITTER AUS DEM OFEN

Für »Arme Ritter« werden eigentlich altbackene Semmelscheiben in Eiermilch getaucht, in Butterschmalz auf beiden Seiten gebraten und anschließend in Zimtzucker gewendet. Sehr gschmackig! Noch feiner und raffinierter sind die »Armen Ritter« aber, wenn man sie im Backofen zubereitet. Ein tolles Familienessen, garantiert!

SÜSS UND FRUCHTIG

ZUTATEN FÜR 4 PERSONEN:

100 g getrocknete Pflaumen (ohne Steine)
80 g Rosinen
2 EL Rum (ersatzweise Apfelsaft)
80 g Zucker
½ TL gemahlener Zimt
9 Scheiben altbackenes Kastenweißbrot (ca. 1 cm dick, 300 g, 1–2 Tage alt)
150 g Pflaumenmus
650 ml Milch
4 Eier (L)
Butter für die Form
Puderzucker zum Bestäuben

SO LANG DAUERT'S: ca. 20 Min.
IM OFEN: ca. 45 Min.
PRO PORTION: ca. 680 kcal | 20 g E | 15 g F | 111 g KH

1 Den Backofen auf 180° vorheizen. Die Pflaumen in ca. 1 cm große Stücke schneiden, mit den Rosinen in einer Schüssel mischen und mit dem Rum beträufeln. 2 EL Zucker mit dem Zimt vermischen. Eine ofenfeste Form (ca. 18 x 30 cm) mit Butter einstreichen.

2 Die Brotscheiben mit Pflaumenmus bestreichen und 3 Scheiben nebeneinander in die Form legen. Die Milch lauwarm erhitzen. 150 ml Milch abmessen und die Brotscheiben in der Form mit je 1 EL Milch beträufeln, mit je 1 EL Pflaumen-Rosinen-Mischung belegen und ein wenig Zimtzucker bestreuen. Restliche Brotscheiben, übrige abgemessene Milch und die restliche Pflaumen-Rosinen-Mischung wie beschrieben in die Form einschichten. Dabei mit Brotscheiben abschließen und diese mit der hellen, unbestrichenen Seite nach oben einlegen.

3 Die Eier und den übrigen Zucker mit den Quirlen des Handrührgeräts in ca. 4 Min. schaumig schlagen, dann restliche lauwarme Milch langsam einrühren. Eiermilch gleichmäßig über die Brotscheiben gießen, mit übrigem Zimtzucker bestreuen. Die Form in den Ofen (Mitte, Umluft 160°) schieben und die Armen Ritter in ca. 45 Min. goldbraun backen. Falls die Oberfläche zu dunkel wird, einfach mit Backpapier oder Alufolie abdecken.

4 Die Form aus dem Ofen nehmen. Arme Ritter kurz stehen lassen, dann noch heiß mit ein wenig Puderzucker bestäuben und servieren.

GUADA TIPP

»Reich« werden die Armen Ritter, wenn Sie anstelle des Kastenweißbrots Reste von einem Hefezopf oder von Dampfnudeln (S. 123) verwenden. Je nachdem wie süß Sie's mögen, können Sie dann die oben genannte Zuckermenge auch noch etwas reduzieren.

LEBKUCHENSCHMARRN MIT QUITTENKOMPOTT

Hilfe, Weihnachten ist vorbei und es sind noch Lebkuchen übrig! Mit duftenden Gewürzen schön verpackt in einem warmen Schmarrn lassen sie so manches süße Herz nochmals höher schlagen.

WAS BSONDERS

ZUTATEN FÜR 2 PERSONEN:

Für das Kompott:

1 große Quitte | 1 EL Zucker
150 ml Apfel-Quitten-Saft (ersatzweise Apfelsaft)
1 Spritzer Zitronensaft
1 kleines Stück Zimtstange | 1 Nelke

Für den Schmarrn:

2 Lebkuchen (z. B. mit Schokoladen- und/oder Zuckerglasur)
2 EL Rum (ersatzweise Apfelsaft)
3 Eier (M) | 50 g Mehl
100 ml Milch | 2 ½ EL Sahne
1 TL Vanillezucker (siehe Tipp, S. 135)
1 Prise Salz | 1 EL Butterschmalz
2 EL Puderzucker
1 ½ EL Butter
2 EL Mandelblättchen

Sonst noch: ofenfeste Pfanne (28 cm Ø)

SO LANG DAUERT'S: ca. 30 Min.
IM OFEN: ca. 10 Min.
PRO PORTION: ca. 795 kcal | 19 g E | 36 g F | 86 g KH

1 Fürs Kompott Quitte waschen, vierteln, schälen, entkernen und in ca. 1 cm breite Spalten schneiden. Den Zucker in einem kleinen Topf hellbraun karamellisieren lassen. Quittenspalten unterrühren, mit Apfel-Quitten- und Zitronensaft ablöschen und aufkochen. Die Gewürze einlegen und die Quitte abgedeckt bei mittlerer Hitze in ca. 10 Min. weich kochen. Topf vom Herd ziehen, das Kompott lauwarm abkühlen lassen.

2 Inzwischen den Backofen auf 180° (am besten Umluft, sonst 200° Ober- und Unterhitze) vorheizen. Für den Schmarrn Lebkuchen in 1 cm große Stücke schneiden und mit Rum beträufeln. Die Eier trennen. Mehl, Milch, Sahne, Eigelbe und Vanillezucker mit einem Schneebesen zu einem glatten Teig verrühren. Eiweiße und Salz mit den Quirlen des Handrührgeräts steif schlagen und vorsichtig unter den Teig heben. Dann die Lebkuchenstücke unterziehen.

3 Das Butterschmalz in der Pfanne schmelzen. Den Teig gleichmäßig in der Pfanne verteilen und auf dem Herd bei mittlerer Hitze 1 Min. anbacken. Dann die Pfanne in den Ofen (Mitte) schieben und den Teig in ca. 10 Min. goldbraun backen.

4 Pfanne aus dem Ofen nehmen, den Pfannkuchen auf ein Arbeitsbrett stürzen und in 2 cm große Stücke schneiden. 1 EL Puderzucker in die Pfanne streuen und hellbraun karamellisieren lassen. Die Butter in kleinen Flöckchen unterrühren. Pfannkuchenstücke und Mandelblättchen dazugeben und unter Rühren in 1–2 Min. hellbraun karamellisieren lassen. Den Lebkuchenschmarrn mit übrigem Puderzucker bestäuben und mit dem Quittenkompott (die Gewürze vorher entfernen) servieren.

GUADA TIPP

Der Schmarrn schmeckt auch ohne die Lebkuchen. Stattdessen können Sie ihn mit 50 g Rumrosinen verfeinern. Lassen Sie die Lebkuchen weg, sollten Sie die Eiweiße mit 1 EL Zucker steif schlagen.

GANZ SCHEE AUFBREZLT

Die Feiertage sind schon was Bsonders in Bayern. Die Madl und Buam brezln sich auf, ziehen sich hübsch an, damit sie fesch aussehen – und auch in der Kuchl geht's ganz schön fein zu.

HOCHZEITSSUPPN MIT DREIERLEI DRIN

A ordentliche Suppn derf in Bayern ned foin – gerade bei Hochzeiten, aber auch an anderen Festtagen. Mindestens drei verschiedene Einlagen machen sie so besonders. Und so geht's: Kräuterpfannkuchen, Grießknödel und Lebernockerl zubereiten und in Tellern mit der feinen Rindsbriah übergießen.

BSONDERS UND HEISS GELIEBT

ZUTATEN FÜR 4–6 PERSONEN:

Für die Grießknödel (ca. 18 Stück):
100 ml Milch | 1 EL Butter
50 g Hartweizengrieß | 2 Eier (M)
weiche Butter für die Form
Form für gebackene Grießknödel (siehe Tipps)

Für die Lebernockerl (16–18 Stück):
1 Zwiebel | 2 Stängel Majoran
3 Stängel glatte Petersilie | 60 g weiche Butter
fein abgeriebene Schale von ½ Bio-Zitrone
250 g Rinderleber (vom Metzger durchdrehen lassen)
1 Ei (M) | 100 g Semmelbrösel
1 TL gekörnte Rinderbrühe (nach Belieben)

Für den Pfannkuchen:
3 EL Mehl | 50 ml Milch
1 Ei (M) | 1 Stängel glatte Petersilie
1 kleiner Stängel Liebstöckel (nach Belieben)
6 Schnittlauchhalme | 1 TL Butter

Für die Suppe:
1–1,5 l Rindsbriah (S. 52) | 1 Bund Schnittlauch

Immer mit dabei:
Salz | frisch geriebene Muskatnuss
schwarzer Pfeffer aus der Mühle

SO LANG DAUERT'S: ca. 10 Min. (Grießknödel), ca. 20 Min. (Lebernockerl) und ca. 15 Min. (Pfannkuchen)
IM OFEN: ca. 25 Min. (Grießknödel)
IM TOPF: ca. 20 Min. (Lebernockerl)
PRO PORTION (bei 6 Personen):
ca. 445 kcal | 27 g E | 23 g F | 26 g KH

1 Für die Grießknödel Milch und Butter in einem kleinen Topf aufkochen lassen, mit Salz und Muskat würzen. Grieß einrühren und ca. 2 Min. bei mittlerer Hitze kochen lassen, dann in eine Schüssel umfüllen und etwas abkühlen lassen. Eier nacheinander mit den Quirlen des Handrührgeräts unterrühren. Die Masse mit Salz und Muskat abschmecken.

2 Den Backofen auf 180° (am besten Umluft, sonst 200° Ober- und Unterhitze) vorheizen. Die Mulden der Form gründlich mit Butter einfetten. Die Grießmasse mit einem Teelöffel in den Mulden verteilen. Die Form in den Ofen (Mitte) schieben und die Grießknödel in 20–25 Min. goldbraun backen. Etwas auskühlen lassen und aus der Form stürzen.

3 Für die Lebernockerl Zwiebel schälen und in feine Würfel schneiden. Majoran und Petersilie abbrausen und trocken schütteln, Blättchen abzupfen und fein hacken. 1 EL Butter in einer Pfanne schmelzen und darin die Zwiebel in 2 Min. glasig dünsten. Kräuter und Zitronenschale dazugeben, abkühlen lassen. Die übrige Butter mit einem Schneebesen cremig schlagen, die durchgedrehte Leber und das Ei unterrühren, dann Zwiebelmischung und Semmelbrösel. Mit Salz, Pfeffer und Muskat würzen und 10 Min. quellen lassen.

4 In einem großen weiten Topf ca. 2,5 l Wasser mit 1 TL Salz und eventuell der gekörnten Rinderbrühe aufkochen. Mit zwei Esslöffeln die Lebermasse zu Nockerln (16–18 Stück) formen und in das kochende Wasser gleiten lassen. Dabei die Löffel immer wieder

ins heiße Wasser tauchen, damit sich die Nockerl besser von den Löffeln ablösen. Das Wasser erneut aufkochen. Sobald alle Nockerl oben schwimmen, Deckel schräg auf den Topf legen und die Nockerl bei geringer Hitze ca. 20 Min. ziehen lassen, dann mit einem Schaumlöffel herausheben.

5 Für die Pfannkuchen das Mehl in eine Schüssel geben und unter Rühren mit einem Schneebesen nach und nach die Milch dazugießen. Dann das Ei unterrühren, bis ein glatter, flüssiger Teig entstanden ist. Die Kräuter abbrausen und trocken schütteln, die Blättchen abzupfen und fein hacken, Schnittlauch in feine Röllchen schneiden. Die Kräuter unter den Teig rühren, mit wenig Salz und Muskat würzen und 10 Min. quellen lassen.

6 Die Butter in einer großen Pfanne (ca. 28 cm Ø) schmelzen. Den Teig gleichmäßig darin verteilen und 1 Min. bei mittlerer Hitze ausbacken, wenden und auch die zweite Seite 1 Min. ausbacken. Den Pfannkuchen aus der Pfanne heben und auskühlen lassen. Dann den Pfannkuchen so vierteln, dass möglichst gleich breite Stücke entstehen. Die Stücke aufeinanderlegen, quer in feine Streifen schneiden.

7 Die Rindsbriah aufkochen, mit Salz und Pfeffer abschmecken. Den Schnittlauch abbrausen, trocken schütteln und in feine Röllchen schneiden. Wenig Muskatnuss in vorgewärmte tiefe Teller reiben. Die Pfannkuchenstreifen, Grießknödel und Lebernockerl in den Tellern verteilen. Mit Rindsbriah begießen, mit Schnittlauch bestreuen und servieren.

GUADE TIPPS

Die Suppeneinlagen kann man sehr gut auf Vorrat zubereiten: Ausgekühlte Lebernockerl und Grießknödel auf einem Tablett ausbreiten und darauf im Tiefkühlfach anfrieren lassen. Sobald die einzelnen Knödel und Nockerl fest sind, in Gefrierbeutel oder Boxen geben und wieder tiefkühlen. Zum Servieren gefrorene Knödel oder Nockerl in kochend heißer Brühe 5–10 Min. ziehen lassen.
Wer möchte, kann die Lebermasse noch mit 1 Msp. Vanillezucker abschmecken. Die Vanille nimmt der Leber ihren leicht bitteren Geschmack.
Es gibt spezielle Keramikformen für gebackene Grießknödel (typisch fürs Donau-Ries-Gebiet), siehe Foto oben. Wer sie nicht bekommt, kann als Ersatz Backformen für winziges Kleingebäck nehmen.

KREBSSUPPERL

ELEGANT UND FEIN

ZUTATEN FÜR 6 PERSONEN:

1,2 kg Flusskrebsschalen (Schalenreste, S. 153)
2 EL Rapsöl | 2 EL Tomatenmark
200 ml roter Portwein
2 EL Weinbrand
2,5 l Wurzelsud mit Gemüsestreifen (S. 153)
200 g Sahne | 2 EL kalte Butter
1 Prise Cayennepfeffer
Salz

SO LANG DAUERT'S: ca. 25 Min.
IM TOPF: ca. 1 Std. 15 Min.
PRO PORTION: ca. 235 kcal | 1 g E | 17 g F | 5 g KH

1 Die Innereien aus den Kopfschalen entfernen. Öl in einem großen breiten Topf erhitzen. Darin die Krebsschalen bei starker Hitze 12–13 Min. anrösten. Das Tomatenmark einrühren und 2 Min. mitrösten, Portwein dazugießen und kurz einkochen lassen. Den Weinbrand dazugeben und eventuell mit einem langen Streichholz anzünden (flambieren). Wurzelsud aufgießen, aufkochen und ca. 40 Min. bei geringer Hitze köcheln lassen.

2 Die Krebsschalen im Topf mit einem Pürierstab etwas zerkleinern, dann die Suppe durch ein Sieb gießen, Fond auffangen und wieder zurück in den Topf geben. Krebsfond aufkochen und bei mittlerer Hitze in weiteren 30 Min. auf 1 l einkochen lassen.

3 Die Sahne unterrühren und die Suppe ca. 5 Min. kochen lassen. Butter in kleinen Flöckchen mit dem Pürierstab unter die kochende Suppe mixen. Mit Cayennepfeffer und Salz abschmecken, in Suppentassen anrichten und servieren.

GUADA TIPP

Falls noch etwas Krebsfleisch von dem großen Krebsessen (S. 153) übrig ist, kann man das Supperl damit verfeinern. Das Fleisch dann in den Suppentassen verteilen und mit der heißen Suppe begießen.

FLUSSKREBSERL AUS DEM WURZELSUD

Mei, fiu is ned dro an dene Schwanzerl, aber so guad sans! Und um all das Gute auch wirklich rauszuholen, werden die gekochten Krebserl mit de Händ gessn und auszuzelt. Vor allem in den Schalen steckt das intensive Aroma. Also nicht wegwerfen, sondern wie im Rezept links a gschmackigs Supperl oder a Soss für an bratnen Zander draus kocha.

EDEL UND AROMATISCH

ZUTATEN FÜR 2 PERSONEN:

1 Zwiebel
1 Möhre
2 Stangen Staudensellerie
1 Stück Lauch (ca. 70 g)
2 EL Butter
1 ½ TL Kümmelsamen
150 ml trockener Weißwein
2 ½ TL Salz
2 große Stängel Dill (ohne die Spitzen!)
40 lebende Flusskrebse (1,8–2 kg)
Baguette zum Servieren

SO LANG DAUERT'S: ca. 25 Min.
PRO PORTION: ca. 670 kcal | 68 g E | 11 g F | 62 g KH

1 Zwiebel schälen, halbieren und in feine Streifen schneiden. Das Gemüse waschen oder schälen und putzen, dann in feine 5 cm lange Streifen schneiden.

2 Butter in einem breiten hohen Topf schmelzen. Darin Zwiebel- und Gemüsestreifen in 2 Min. glasig dünsten. Kümmel dazugeben, kurz durchrühren, mit Weißwein ablöschen, aufkochen lassen. 4 l kochend heißes Wasser aufgießen und mit dem Salz würzen. Dill abbrausen und in den kochenden Sud geben.

3 Nun die lebenden Krebse kopfüber in den Sud geben, abdecken, aufkochen lassen, dann vom Herd ziehen und 6–8 Min. im Sud ziehen lassen. Die Garzeit kann je nach Größe der Krebse variieren, also zum Testen rechtzeitig einen Krebs aus dem Sud heben, den Schwanz vom Kopf lösen, die Schale aufbrechen. Die Krebsschwänze sind perfekt, wenn sie glasig schimmern. Sie dürfen auf keinen Fall zu lange gekocht werden, sonst wird das Krebsfleisch trocken.

4 Die Flusskrebse in einer großen Suppenterrine anrichten, mit etwas Wurzelsud und Gemüsestreifen begießen und mit Baguette servieren. Zum Genießen die Scheren vom Körper trennen, Scherenspitzen vorsichtig auseinanderziehen und Schalen ablösen. Mit dem Messerrücken auf die dickeren Scherenstücke schlagen und anknacken, die Schalen auseinanderbrechen und das Fleisch herauslösen. Den Kopf mit einer Drehbewegung von dem Schwanz trennen, die Schwanzschalen dann etwas zusammendrücken und aufbrechen, das Fleisch ebenfalls herauslösen.

GUADE TIPPS

Da die Flusskrebse mit den Händen aufgebrochen und gegessen werden, können Sie eine Fingerbowle (eine Schüssel mit lauwarmem Wasser und einigen Zitronenspalten) auf den Tisch stellen. So kann man sich während und nach dem Essen die Finger am Tisch säubern. Essen Sie Flusskrebse im Restaurant, ist es durchaus möglich, dass Sie a kloanes Latzerl zum Schutz Ihrer Kleidung bekommen. Eine große Serviette oder ein Tuch tut es auch.
Im Handel gibt es spezielles Krebsbesteck, mit dem Sie sich auf jeden Fall leichter tun, um an das sehr schmackhafte Krebsfleisch zu kommen. Wer also öfter Krebse isst, für den lohnt sich die Anschaffung.

KALBSBRIES MIT SPARGEL UND MORCHELN

Ein tolles Gericht mit drei Komponenten, die sich perfekt verstehen. Irgendwie ist die Natur scho a Hund – sie liefert uns wie von selber zur gleichen Zeit alle Zutaten, die auch gut zusammenpassen.

FÜR DEN BAYRISCHEN FEINSCHMECKER

ZUTATEN FÜR 2 PERSONEN:

2 Stück Kalbsbries (je ca. 250 g)
10 g getrocknete Morcheln
500 g weißer Spargel
1 Zwiebel | 3 EL Butter
1 Prise Zucker | 50 ml trockener Weißwein
50 ml Gemüsebrühe | 150 g Sahne
Salz | schwarzer Pfeffer aus der Mühle
1 TL Butterschmalz
½ Bund Schnittlauch

SO LANG DAUERT'S: ca. 1 Std.
PRO PORTION: ca. 1100 kcal | 33 g E | 102 g F | 9 g KH

1 Das Kalbsbries sauber putzen, also alle Sehnen, Häute und eventuelle Blutadern großzügig entfernen. Bries in kaltes Wasser legen und ca. 30 Min. darin wässern, dabei das Wasser immer wieder wechseln. Morcheln in lauwarmes Wasser legen und ca. 20 Min. einweichen. Dann das Bries aus dem Wasser heben, mit Küchenpapier trocken tupfen und in je 2 gleich große Stücke schneiden. Die Morcheln abgießen, gut ausdrücken, auf Küchenpapier abtropfen lassen und je nach Größe halbieren oder vierteln.

2 Inzwischen den Spargel schälen und die holzigen Enden abschneiden. Jede Stange in 3 gleich lange Stücke teilen. Die Zwiebel schälen und in möglichst feine Würfel schneiden.

3 In einer Pfanne 2 EL Butter schmelzen. Zucker einstreuen und kurz durchrühren, Spargel dazugeben und bei mittlerer Hitze in 5–6 Min. hell anbraten. Die Morcheln dazugeben und 1 Min. mitbraten. Mit Weißwein und Gemüsebrühe ablöschen, abdecken und alles bei geringer Hitze 1–2 Min. sanft dünsten lassen. Die Sahne unterrühren, wieder abdecken und weitere 3 Min. köcheln lassen. Mit Salz und Pfeffer abschmecken.

4 Inzwischen das Butterschmalz in einer zweiten großen Pfanne schmelzen. Darin die Briesstücke bei mittlerer Hitze anbraten, mit Salz und Pfeffer würzen, noch 1 Min. anbraten, dann wenden – Vorsicht, es kann spritzen! Bries zur Seite schieben, die Zwiebelwürfel dazugeben und 1 Min. braten. Übrige Butter dazugeben und Bries ca. 7 Min. bei geringer Hitze garen, dabei Zwiebel und Bries ab und zu wenden, dann abdecken und in weiteren 5 Min. fertig garen.

5 Den Schnittlauch abbrausen, trocken schütteln und in feine Röllchen schneiden. Das fertige Bries aus der Pfanne heben und kurz ruhen lassen, dann in 1½ cm breite Scheiben schneiden. Das Bries mit Zwiebel und Spargel-Morchel-Gemüse auf Tellern anrichten, mit Schnittlauch bestreuen und servieren – am besten mit gebratenen Kartoffeln.

GUADA TIPP

In der klassischen Morchelzeit – März/April/Mai – empfiehlt es sich, nicht getrocknete, sondern frische Morcheln zu kaufen. Man rechnet pro Person je nach Größe 3–5 Stück. Morcheln gründlich putzen, falls notwendig kurz unter fließendem Wasser abbrausen, da sich in den Rillen oft Schmutzreste ansammeln können. Dann die Morcheln je nach Größe halbieren oder vierteln und wie beschrieben garen.

SO FEIERN DIE BAYERN

A richtiga Kirta dauad bis zum Irda.
Es ko se aa schicka bis zum Migga.
Und kon de Beirin guad kocha,
dauad a de ganze Wocha.
Für Zuagroaste:
Eine echte Kirchweih dauert bis Dienstag.
Es kann aber auch bis Mittwoch gehen.
Und kann die Bäuerin gut kochen,
dauert sie die ganze Woche.

Bayrische Folklore mit Bierkrüge servierenden Madln im feschen Dirndl und Alphorn blasenden Burschen in Lederhosen gilt für viele ausländische Besucher, vor allem für die von weiter her, als typisch deutsch. Dabei hatten die Bayern bei der Gründung des Königreichs im Jahr 1806 mit den anderen deutschen Territorien eher weniger am Hut. Dass schließlich im Rahmen der napoleonischen Flurbereinigung Bayern mit Franken, Schwaben und Pfälzern ungeachtet ihrer unterschiedlichen kulturellen Wurzeln vereint wurden, gestaltete sich anfänglich entsprechend schwierig. Im Laufe der Jahrhunderte aber erwuchs den Bewohnern des schönen Landes daraus eine ausgesprochene Stärke und Eigenwilligkeit: Bis in die heutige Zeit pflegen die Menschen in Bayern ihre besondere Prägung und ihr Brauchtum mit ausgesprochener Hingabe.

Anlässe dazu gibt es genug. Sie ergeben sich aus dem ländlichen Arbeitsrhythmus sowie den kirchlichen Feiertagen, die einen recht bunten Veranstaltungsreigen bilden aus Brauchtums-, Kirchen-, Dorf- und Waldfesten, Umzügen sowie Trachtenfeiern – alle begleitet von kracherter Blasmusik, rauschendem Biergenuss und einer deftigen Brotzeit. Nicht zu vergessen den Almabtrieb oder den Viehscheid, die Gäubodenfeste, den Georgiritt oder die Leonhardifahrt, das Aufstellen des Maibaums, die Kirchweih, Erntedank oder den Perchtenlauf mit seinen grausligen Masken.

HOCK DI HERA, …

… dan samma mera. Nirgendwo wird die Brauchtumspflege übrigens so beharrlich betrieben wie in den bayrischen Schützenvereinen. Um Bayern vor »mutwilligem Einzug und Beschädigungen« zu verteidigen, wurden Anfang des 16. Jahrhunderts Bürger und Bauern gemustert und zu schlagkräftigen, soliden Wehrmannschaften aufgestellt. Bis heute symbolisieren die Schützen die Bereitschaft »zur Verteidigung der Güter bayrischer Volkskultur«. Eng verbunden mit der Schützentradition ist die Marienverehrung. Denn die Mutter Gottes ist die Patronin der Gebirgsschützen. Fast jedes bayrische Dorf hat deshalb auch einen Schützenverein mit einem entspechenden Schützenfest, einem Gottesdienst und einem Straßenumzug.

Auch die bekannteste Tracht, die bei jeglichem besonderen Anlass angelegt wird, geht auf die oberbayrische Gebirgstracht zurück: eine Lederhose für die Männer und ein farbiges Mieder für die Frauen. Unverzichtbar als authentischer Hutschmuck ist dabei der Gamsbart, für den man durchaus einige Hundert Euro hinblättern kann.

Trachten gibt es je nach Region in unzähligen Varianten, verpönt sind aber moderne Kombinationen mit Turnschuhen sowie unpassenden Hemden oder auch Rocklängen. Schließlich sollte eine Tracht, so hieß der ausdrückliche Wunsch des Wittelsbacher Königshauses, »zur Hebung des bayrischen Nationalgefühls« beitragen und das Selbstbewusstsein gegenüber den Preußen stärken. Recht unterhaltsame Tiefpunkte erlebt das Trachtenwesen übrigens jährlich auf der Wiesn, dem Oktoberfest in München, bei dem Menschen mit jeglicher Provenienz in wohl trachtenähnlichen Kleidungsstücken das bayrische Wesen feiern.

AM SEE, DA IS FEI SCHEE

»Am See, da ist es richtig schön.« – Seen gehören zum oberbayrischen Voralpen-Idyll wie Dirndl, Lederhosen, Bierkrug, Semmelknödel. Und an manch bayrischem Seeufer lebt es sich heute so feudal und kostspielig wie am Strand von Miami, nur weniger gefährlich.

Einst wünschte man sich an den Ufern der Seen den 24. August herbei, den Festtag zu Ehren des Heiligen Bartholomäus, dem Patron der Fischer. An diesem Tag geht die Schon- und Laichzeit in den bayrischen Seen und Flüssen zu Ende. Gefeiert wird dies mit einem Fest für den Fischerkönig und seinen besten Fang sowie den Sieger des sogenannten Fischerstechens. Bei der recht erfrischenden Gaudi versuchen sich richtige Mannsbuider gegenseitig von ihren Booten aus mit langen Stangen ins Wasser zu stoßen.

Das bayrische Seengebiet zieht sich vom Allgäu aus bis fast zum Salzburger Land hinüber, beginnt aber eigentlich schon mit dem Bodensee, dessen östlicher Teil fest in bayrischer Hand liegt. Neben den drei Mini-Gewässern Wesslinger See, Wörth- und Pilsensee des »Fünf-Seen-Landes« südwestlich von München liegt der Ammersee. Am östlichen Ufer dieses landschaftlichen Kleinods erhebt sich der »Heilige Berg« mit dem Benediktinerkloster Andechs und seiner berühmten Brauerei. Der fünfte im Seen-Bunde ist der beliebteste Badesee der Münchner. An den Ufern des Starnberger Sees reihen sich Schlösser und Schlösschen, Villen mit riesigen Gärten und Privatstegen für die Reichen und Schönen.

Weiter geht es zum Tegernsee, der sich – ebenfalls beliebt bei der Schickeria – noch viel von seiner Ursprünglichkeit erhalten hat. Für Touristen mit wenig Zeit ein besonderer Ort. Unter dem Dach des Tegernseer Schlosses findet man »ganz Bayern« versammelt, wie der Historiker Heinrich von Treitschke einst befand: ein herzogliches Schloss, eine ehemalige Klosterkirche sowie ein Bräustüberl.

In den Vorläufern der Alpen schließlich spiegelt sich herrlich malerisch der Staffelsee im Moorgebiet des Murnauer Mooses, einem Anziehungspunkt vieler bedeutender Künstler. Östlich davon liegen der Walchen- und der Kochelsee, den Bayernkönig Maximilian als »den schönsten Platz in meinem Königreich« erachtete. Der Südosten Bayerns, das Chiemgau, wartet dann gleich mit mehreren Seen auf. Der größte ist der Chiemsee, das »bayrische Meer«.

Nicht nur die Seen-, auch die Fischwelt Bayerns ist beachtlich. Ganz besondere Speisefische sind neben der Bach- und Regenbogenforelle, Äsche, Hecht, Zander, Kaulbarsch, Rußnase, Rotauge oder Rotfeder …

Renke: Ein aromareicher Speisefisch, der frisch gegrillt als Steckerlfisch schmeckt, und auch unter »Brotfisch der bayrischen Fischer« bekannt ist.
Seeforelle: Der silbrig glänzende Lachs Oberbayerns kann rund 1,40 Meter lang und um die 30 Kilogramm schwer werden.
Perlfisch: Er ist eine Besonderheit des Chiemsees und eine der seltensten Fischarten Deutschlands.
Tiefseesaibling: Nur der Königs- und der Ammersee können mit dieser besonderen Saiblingsart aufwarten.

GEBRATENER WALLER MIT DREIERLEI SENF

Sie werden begeistert sein, denn gebraten zeigt sich der Waller von seiner besten Seite. Gewürze, die man sonst vom Einlegen oder Sudkochen kennt, verfeinern dazu die äußerst aromatische Sauce.

BODENSTÄNDIG UND WÜRZIG

ZUTATEN FÜR 4 PERSONEN:
700 g Wallerfilet (ohne Haut)
1 Stück Lauch (weißer Teil, ca. 80 g)
3 Champignons
½ Zitrone
1 EL Sauerbratengewürz (siehe Tipps, S. 176)
2 EL Butter
2 EL Mehl
100 ml trockener Weißwein
400 ml Fischfond (aus dem Glas)
200 g Sahne
Salz | schwarzer Pfeffer aus der Mühle
2 Prisen Zucker
1 geh. EL Butterschmalz
3 Stängel Dill
je 1 TL scharfer, mittelscharfer und süßer Senf
Sonst noch: Papier-Teefilter

SO LANG DAUERT'S: ca. 45 Min.
PRO PORTION: ca. 560 kcal | 30 g E | 42 g F | 9 g KH

1 Das Wallerfilet falls nötig von Gräten befreien, Filet in 80–90 g schwere Stücke schneiden. Lauch putzen, waschen und in kleine Würfel schneiden. Champignons putzen und ebenfalls klein würfeln. Den Saft der Zitrone auspressen. Das Sauerbratengewürz in den Teebeutel geben, gut verschließen.

2 Die Butter in einem Topf schmelzen. Darin den Lauch ca. 2 Min. anbraten, Champignons dazugeben und 1 Min. anbraten. Beides mit 1 EL Mehl bestäuben und 1 Min. unter Rühren weiterbraten, dann nach und nach den Wein und Fond unterrühren. Gewürzbeutel in die Sauce einlegen, bei geringer Hitze ca. 5 Min. köcheln lassen. Beutel wieder herausheben und wegwerfen. Sahne in die Sauce gießen und in 9–10 Min. sämig einkochen lassen.

3 Inzwischen die Wallerstücke mit Salz, Pfeffer, Zucker und Zitronensaft würzen, dann auf beiden Seiten mit dem übrigen Mehl bestäuben. Das Butterschmalz in einer großen Pfanne schmelzen. Darin die Filetstücke 3 Min. bei starker Hitze anbraten, wenden und dann bei geringer Hitze 8–10 Min. ziehen lassen.

4 Dill abbrausen und trocken schütteln, die Spitzen abzupfen und fein schneiden. Die 3 Senfsorten unter die Sauce rühren, mit Salz und Pfeffer abschmecken und mit einem Pürierstab fein durchmixen. Die Sauce mit dem Dill verfeinern und mit dem Waller auf Tellern anrichten. Perfekte Beilage: in Butter gedünsteter Kohlrabi und Salzkartoffeln.

GUAD DAZU: GEDÜNSTETER KOHLRABI

800 g Kohlrabi schälen, einige feine Blätter in kaltes Wasser legen. Kohlrabi in 1 cm breite und 6 cm lange Stifte schneiden. 2 EL Butter in einem breiten Topf schmelzen und darin den Kohlrabi kurz andünsten. Mit 150 ml Wasser oder Gemüsebrühe ablöschen, mit 1 Prise Salz würzen. Abdecken und den Kohlrabi in ca. 10 Min. bei geringer Hitze gar dünsten, dabei ab und zu einmal umrühren. 3–4 Stängel Petersilie abbrausen und trocken schütteln, Blättchen abzupfen und mit den Kohlrabiblättern grob schneiden, zum Gemüse geben. Mit Salz und frisch geriebener Muskatnuss abschmecken.

ZANDER MIT STEINPILZEN UND TOPINAMBUR

Lange Zeit wurden die Topinamburknollen von der Kartoffel vom Markt verdrängt. Mittlerweile sind sie aber auch in Feinschmeckerkreisen wieder beliebt, da man sie sehr vielseitig zubereiten kann, etwa als Püree, Rohkost oder sogar als Chips. Ihr artischockenähnlicher Geschmack passt perfekt zu Steinpilzen.

EXTRAVAGANT UND FEIN

ZUTATEN FÜR 4 PERSONEN:

Für das Püree:
600 g Topinambur
Salz | 1 ½ EL Butter

Für die Pilze:
300 g Steinpilze
1 Zwiebel | 1 kleine Knoblauchzehe
3 Stängel glatte Petersilie
2 EL Butter
Salz | schwarzer Pfeffer aus der Mühle
frisch geriebene Muskatnuss

Für die Sauce:
80 g kalte Butter | 1 Eigelb (L)
2 EL trockener Weißwein
Salz | schwarzer Pfeffer aus der Mühle
frisch geriebene Muskatnuss

Für den Fisch:
4 Zanderfilets (mit Haut, je ca. 120 g)
2 EL Pflanzenöl | Salz

Sonst noch: Kartoffelstampfer

SO LANG DAUERT'S: ca. 50 Min.
PRO PORTION: ca. 435 kcal | 29 g E | 32 g F | 6 g KH

1 Für das Püree die Topinambur waschen, schälen, grob würfeln, in reichlich Salzwasser aufkochen und in ca. 20 Min. weich garen. Abgießen, wieder zurück auf den Herd stellen und die Knollen bei geringer Hitze 5 Min. ausdampfen lassen. Dann Tompinambur mit dem Kartoffelstampfer fein zerdrücken und die Butter unterrühren. Das Püree abdecken und warm halten (z. B. im Wasserbad).

2 Zwischendurch die Pilze putzen und in ca. ½ cm große Stücke schneiden. Die Zwiebel und den Knoblauch schälen und fein würfeln. Petersilie abbrausen und trocken schütteln, Blättchen abzupfen und grob zerkleinern. 1 EL Butter in einer Pfanne schmelzen. Die Pilze hineingeben, salzen und bei starker Hitze 2 Min. anbraten. Zwiebel, Knoblauch und restliche Butter dazugeben, Pilze in weiteren 4 Min. goldbraun braten. Petersilie untermischen, mit Salz, Pfeffer und Muskat abschmecken. Die Pilze beiseitestellen.

3 Für die Sauce Butter schmelzen. Eigelb mit Wein und 2 EL Wasser in einer Metallschüssel (am besten mit einem rund gewölbten Boden) verrühren. Mit Salz, Pfeffer und Muskat würzen. Sauce über einem heißen Wasserbad mit einem Schneebesen in 3 Min. schaumig aufschlagen, vom Herd nehmen und nach und nach die Butter einrühren. Sauce beiseitestellen.

4 Die Fischfilets falls nötig von Gräten befreien, die Haut der Filets mehrmals einritzen. In einer großen Pfanne Öl erhitzen. Zanderfilets salzen, mit der Hautseite ins heiße Fett legen und bei mittlerer Hitze in ca. 3 Min. kross anbraten, wenden, kurz anbraten, Pfanne vom Herd nehmen und die Filets darin noch 2–3 Min. ziehen lassen. Backofengrill vorheizen.

5 Inzwischen das Püree mittig auf ofenfesten Tellern anrichten. Pilze und die Sauce ringsherum verteilen. Teller nacheinander in den Ofen (oben) schieben und Püree, Pilze und Sauce in ca. 3 Min. goldbraun überbacken. Herausnehmen, Zanderfilets auf die Teller geben und sofort servieren.

SAIBLING MIT ZWIEFE-WURZELSPINAT

Der Saibling ist neben der Forelle wohl der beliebteste Süßwasserfisch in Bayern. Die zarten Filets sind im Handumdrehen fertig und mit der Haut gebraten ein Gedicht. Ganz frische Fische sollten Sie noch 1 Tag im Kühlschrank ruhen lassen, sonst drehen sich die Filets beim Braten auf.

BODENSTÄNDIG UND GUAD

ZUTATEN FÜR 4 PERSONEN:

Für den Spinat:

1,2 kg Wurzelspinat | 1 große Gemüsezwiebel
1 große Knoblauchzehe
3 EL kalte Butter | 200 g Sahne
Salz | schwarzer Pfeffer aus der Mühle
frisch geriebene Muskatnuss

Für den Fisch:

8 Saiblingfilets (mit Haut, je ca. 100 g)
Salz | schwarzer Pfeffer aus der Mühle
2 EL Mehl | 2 EL Butterschmalz
2 TL Butter

SO LANG DAUERT'S: ca. 45 Min.
PRO PORTION: ca. 525 kcal | 46 g E | 34 g F | 8 g KH

1 Den Wurzelspinat gründlich putzen und die Stiele entfernen, den Spinat falls nötig mehrmals waschen und sehr gut abtropfen lassen. Die Zwiebel und den Knoblauch schälen und in feine Würfel schneiden. Die Saiblingsfilets falls nötig von Gräten befreien. In einem Wasserkocher reichlich Wasser aufkochen.

2 Für den Spinat in einem breiten Topf 2 EL Butter schmelzen. Die Zwiebel und den Knoblauch darin bei mittlerer Hitze ca. 5 Min. dünsten. Die Sahne dazugießen, aufkochen und 2 Min. kochen lassen.

3 Inzwischen die Hälfte des Spinats in ein großes Sieb geben, in das Waschbecken stellen und mit kochend heißem Wasser überbrühen, sodass die Blätter zusammenfallen. Den Spinat vorsichtig ausdrücken und in die Sahnesauce geben. Restlichen Spinat ebenfalls überbrühen, zur Sauce geben. Alles zusammen aufkochen, mit Salz, Pfeffer und Muskat würzen, 4 Min. bei geringer Hitze köcheln lassen. Übrige Butter in Flöckchen unter den Spinat rühren, noch 1 Min. ziehen lassen und vom Herd nehmen.

4 Fischfilets auf beiden Seiten mit Salz und Pfeffer würzen und mit Mehl einstäuben. Butterschmalz in zwei großen Pfannen schmelzen. Fischfilets mit der Hautseite nach unten in die Pfannen legen und bei starker Hitze ca. 3 Min. anbraten, wenden, 1 Min. weiterbraten. Dann jeweils 1 TL Butter in die Pfannen geben, die Fischfilets mit dem Bratenfett beträufeln, Pfannen vom Herd ziehen und die Filets darin noch ca. 1 Min. saftig durchziehen lassen.

5 Den Spinat nochmals aufkochen lassen und mit den kross gebratenen Saiblingfilets auf Tellern anrichten, servieren. Dazu passen sehr gut in Butter geschwenkte Pellkartoffeln oder Reiberdatschi.

GUAD DAZU: REIBERDATSCHI

1 kg bissfest gegarte Kartoffeln (vorwiegend festkochend) schälen, grob raspeln. Mit Salz, Pfeffer und Muskat würzen. In einer kleinen Pfanne 1 EL Butterschmalz schmelzen. Ein Viertel der Kartoffeln darin flach verteilen und bei mittlerer Hitze 3 Min. braten, vorsichtig wenden. Etwas Butterschmalz dazugeben, zweite Seite 3 Min. braten. Nochmals wenden, 2 Min. braten. Reiberdatschi auf Küchenpapier abtropfen lassen und auf dem Blech im 120° heißen Backofen warm halten. Restliche Kartoffeln ebenso zubereiten.

Ehrentisch
Ehrentisch

SPOFAKI MIT HOPFEN UND MALZ

Die zarte Spanferkelkeule gart im Backofen in einem Sud aus Gemüse, Bratenfond und Malzbier. Und grad des siaße Moizbier gibt dem Spofaki den bsondern Gschmack.

SAFTIG UND KNUSPRIG

ZUTATEN FÜR 4–6 PERSONEN:

1,8 kg Spanferkelkeule (ohne Mittel- und Hüftknochen, vom Metzger auslösen und 400 g Knochen klein schneiden lassen)
600 g Schweinerippchen (vom Metzger in kleine Stücke schneiden lassen)
2 Zwiebeln | 1 Möhre
1 Stück Knollensellerie (ca. 200 g)
1½ Knoblauchzehen
1 EL Pflanzenöl | 1 EL Mehl
1,6 l Bratenfond (aus dem Glas, ersatzweise Wasser oder Fleischbrühe)
¼ l Malzbier
Salz | schwarzer Pfeffer aus der Mühle
4 Prisen gemahlener Kümmel
2 TL Speisestärke
Sonst noch: Küchengarn

SO LANG DAUERT'S: ca. 45 Min.
IM OFEN: ca. 2 Std. 50 Min.
PRO PORTION (bei 6 Personen):
ca. 615 kcal | 58 g E | 36 g F | 10 g KH

1 Den Backofen auf 200° (am besten Umluft, sonst 220° Ober- und Unterhitze) vorheizen. Die Knochen der Spanferkelkeule und die Schweinerippchen kurz waschen, trocken tupfen und auf einem Backblech verteilen. Im Ofen (Mitte) in ca. 30 Min. goldbraun rösten, herausnehmen. Die Ofentemperatur auf 150° (Umluft, 170° Ober- und Unterhitze) zurückschalten. Zwiebeln, Möhre und Sellerie schälen und alles in 1 cm große Würfel schneiden. Knoblauch schälen und 1 Zehe fein würfeln.

2 Das Öl in einem Bräter (ca. 25 x 35 cm) erhitzen. Zwiebeln und Gemüse darin 7–8 Min. bei mittlerer Hitze anrösten. Knochen dazugeben und 1 Min. mitrösten. Alles mit Mehl einstäuben, 1 Min. weiterrösten. Mit 1 Schuss Fond ablöschen und einkochen lassen. Diesen Vorgang zweimal wiederholen. Den restlichen Fond und 200 ml Bier dazugießen, aufkochen lassen.

3 Keule auf der Fleischseite mit Salz, Pfeffer, 2 Prisen Kümmel und Knoblauchwürfeln würzen, mit Küchengarn zusammenbinden. Die Keule mit der Hautseite nach unten in den Bräter legen, im Ofen (Mitte) 1 Std. 30 Min. garen. Keule wenden und in weiteren 40 Min. weich garen. Herausnehmen, Fleisch aus dem Bräter heben. Ofen auf Grillfunktion (höchste Stufe) stellen. Übrigen Knoblauch in Scheiben schneiden.

4 Bräterinhalt in ein Sieb gießen, dabei Sauce in einem Topf auffangen, aufkochen. Stärke mit 2–3 EL kaltem Wasser verrühren, mit übrigem Bier und Knoblauchscheiben unter die Sauce rühren, in 15–20 Min. bei mittlerer Hitze sämig einkochen lassen. Mit Salz, Pfeffer und restlichem Kümmel abschmecken.

5 In einer Tasse ½ TL Salz mit ca. 100 ml Wasser verrühren. Spanferkel auf den Rost legen und in den Ofen (Mitte) schieben, ein Backblech als Tropfschutz darunterschieben. Die Keule mit Salzwasser gut einpinseln und in ca. 10 Min. knusprig grillen, dabei immer wieder mit Salzwasser einpinseln. Die fertige Spanferkelkeule aus dem Ofen nehmen, das Garn entfernen, Keule aufschneiden und mit der Sauce servieren. Dazu passen gut Kartoffel- oder Semmelknödel (S. 88/89).

A GSCHEIDER RINDSBRATN

Hier ist die Qualität des Fleisches wirklich wichtig. Nur mit einer gut abgelagerten Rinderschulter erhalten Sie einen saftigen Braten mit aromatischer Sauce. Wenden Sie sich an einen Metzger Ihres Vertrauens.

SAFTIG ... UND DIE SOSS ERST

ZUTATEN FÜR 4 PERSONEN:

2 Zwiebeln | 1 Möhre
1 Stück Knollensellerie (ca. 100 g)
1,3 kg Rinderschulter (z. B. Flache Schulter oder Schaufelstück)
Salz | schwarzer Pfeffer aus der Mühle
2 großzügige Prisen Mehl
3 EL Pflanzenöl | 2 EL Tomatenmark
1 TL brauner Zucker
½ l kräftiger Rotwein (z. B. Cabernet Sauvignon)
1 l Rindsbriah (S. 52, ersatzweise Bratenfond aus dem Glas)
1 Saucenlebkuchen (ca. 50 g)
6 Stängel Petersilie (ohne die Blätter!)
1 TL Wacholderbeeren | 3 Nelken
1 TL schwarze Pfefferkörner
1 TL Pimentkörner | 3 Lorbeerblätter
1–2 TL Speisestärke (je nach Konsistenz der Sauce)

SO LANG DAUERT'S: ca. 45 Min.
IM TOPF: ca. 3 Std.
PRO PORTION: ca. 950 kcal | 75 g E | 53 g F | 17 g KH

1 Zwiebeln, Möhre und den Sellerie schälen und in 1½ cm große Würfel schneiden. Das Rindfleisch falls nötig von Sehnen befreien, rundherum mit Salz und Pfeffer würzen und mit Mehl einstäuben.

2 Das Öl in einem Schmortopf erhitzen. Darin das Fleisch 2 Min. scharf anbraten, wenden und weitere 2 Min. anbraten, dann »aufstellen« und ringsherum auch die Seiten in ca. 2 Min. anbraten. Fleisch aus dem Topf heben und auf einen Teller legen.

3 Zwiebeln und Gemüse in den Topf geben und in ca. 5 Min. hellbraun rösten. Tomatenmark einrühren, mit Zucker bestreuen und 2 Min. mitrösten. Alles mit 1 Schuss Rotwein ablöschen und 2 Min. einkochen lassen, dann wieder mit 1 Schuss Wein ablöschen und ca. 3 Min. einkochen lassen. Diesen Vorgang zweimal wiederholen. Restlichen Rotwein und Rindsbriah dazugießen, das Fleisch wieder einlegen, aufkochen lassen. Lebkuchen grob zerkleinern und dazugeben. Den Braten abgedeckt ca. 2 Std. bei geringer Hitze schmoren lassen, dabei ab und zu wenden.

4 Petersilie abbrausen, trocken schütteln und mit den Gewürzen und Lorbeerblättern zur Sauce geben. Den Braten noch 1 Std. weiterschmoren lassen, bis er gar ist. Das Fleisch sollte beim Einstechen schön weich sein, bzw. eine Fleischgabel sich leicht von dem Fleisch lösen.

5 Den fertigen Rinderbraten aus der Sauce heben, beiseitestellen. Sauce durch ein feines Sieb gießen und auffangen. Gemüse und Aromen durch das Sieb drücken, Rückstände wegwerfen. Die Sauce und das Fleisch wieder in den Topf geben, aufkochen lassen. Die Stärke mit 2–3 EL kaltem Wasser verrühren (je nach Konsistenz der Sauce weniger oder mehr Stärke nehmen), unter die Sauce rühren und bei mittlerer Hitze in ca. 5 Min. sämig einkochen lassen. Sauce mit Salz und Pfeffer abschmecken.

6 Den Rindsbratn in knapp fingerdicke Scheiben schneiden und mit der Sauce auf Tellern anrichten. Als Beilage eignen sich dazu am besten selbst gemachte Spatzn (S. 93).

KOCHTE OCHSENBACKERL MIT KRESSE

Ochsenbackerl schmecken nicht nur geschmort sehr fein, sondern auch gekocht. Das muskulöse und durchwachsene Fleisch hat einen ganz besonderen Geschmack.

UNGEWÖHNLICH MIT LEICHTER SCHÄRFE

ZUTATEN FÜR 4 PERSONEN:

4 Ochsenbacken (je ca. 370 g, beim Metzger vorbestellen)
Salz | schwarzer Pfeffer aus der Mühle
2 EL Pflanzenöl
1 Zwiebel | 1 Möhre
1 Stück Lauch (ca. 80 g) | 1 große Tomate
1 Stück Knollensellerie (ca. 250 g)
1 Petersilienwurzel
1 Knoblauchzehe
1 TL schwarze Pfefferkörner
1 TL Wacholderbeeren
1 TL Pimentkörner | 2 Lorbeerblätter
2 EL Butter | 1 Bund Brunnenkresse
200 g Sahne
½ TL Meerrettich (aus dem Glas)
Sonst noch: Küchengarn

SO LANG DAUERT'S: ca. 35 Min.
IM TOPF: ca. 3 Std. 45 Min.
PRO PORTION: ca. 2265 kcal | 40 g E | 231 g F | 7 g KH

1 In einem hohen Topf 3,5 l Wasser zum Kochen bringen. Die Ochsenbacken falls nötig von Sehnen befreien und mit Küchengarn zu kleinen Päckchen binden. Mit Salz und Pfeffer würzen. In einer Pfanne Öl erhitzen. Darin die Backen 2 Min. anbraten, dann ringsherum unter Wenden noch 1 Min. anbraten. In das kochende Wasser geben und 6–8 Min. sprudelnd bei starker Hitze kochen lassen, dabei immer wieder den Schaum mit einem Schaumlöffel abschöpfen. Temperatur zurückschalten und die Ochsenbacken bei mittlerer Hitze 1 Std. kochen lassen.

2 Die Zwiebel waschen, halbieren und die Schnittflächen in der Pfanne bei mittlerer Hitze in 4–5 Min. dunkel rösten. Gemüse schälen oder waschen und putzen. Möhre und Lauch halbieren, Tomate vierteln. Knapp ein Drittel des Selleries und die Petersilienwurzel 1 cm groß würfeln, übrigen Sellerie halbieren. Die Knoblauchzehe in der Schale andrücken.

3 Zwiebel, Möhre, Lauch, Tomate, Selleriehälften, Knoblauch, Gewürze und Lorbeerblätter in den Topf geben. Die Backen weitere 2 Std. 45 Min. bei geringer Hitze sanft köcheln lassen, bis sie gar sind. Je nach Fleischqualität kann die Garzeit variieren. Also rechtzeitig testen, ob das Fleisch schon weich ist – die eingestochene Fleischgabel sollte sich einfach wieder herausziehen lassen.

4 Gut 45 Min. vor Garzeitende 350 ml Fleischbrühe abschöpfen und durch ein Sieb gießen. 1 EL Butter in einem kleinen hohen Topf schmelzen. Darin übrige Gemüsewürfel 2 Min. andünsten, mit 200 ml Brühe ablöschen, aufkochen und abgedeckt bei geringer Hitze ca. 30 Min. garen. Kresse waschen, entstielen und trocken schütteln, einige Blätter beseitelegen. Gemüse im Topf mit einem Pürierstab fein zerkleinern. Sahne und übrige Brühe aufgießen, aufkochen, restliche Butter mit der Brunnenkresse untermixen. Die Sauce mit Salz, Pfeffer und Meerrettich würzen.

5 Fertige Ochsenbackerl aus dem Topf heben, Garn entfernen. Fleisch in Scheiben schneiden und mit der Sauce auf Tellern anrichten, die Backerl leicht salzen. Mit beiseitegelegter Kresse garnieren und servieren. Frisch geriebener Meerrettich passt sehr gut dazu.

EIN TRAUM – UNSER KINI

Richtig gemocht haben die Bayern den »Kini« zu Lebzeiten nicht, schließlich kosteten seine Schlösserliebhabereien ein Heidengeld, und ansonsten kümmerte er sich nur wenig um die Politik und das gemeine Volk. Heutzutage hingegen wird er selbst von konservativen Gamsbartträgern verklärt zur Lichtgestalt erhoben. Da ist er der Märchenkönig, der »de guade oide Zeit« verkörpert. Und irgendwie hat er sich im nachhinein auch verdient gemacht: Der bayrische Tourismus lebt von dem königlichen Kuriositätenkabinett aus Märchenschlössern nicht schlecht.

Schon als Dreißigjähriger zog sich der Monarch aus der Öffentlichkeit zurück und widmete sich nur noch seinen Bauvisionen: Schloss Herrenchiemsee sollte immerhin Versailles übertreffen, wurde aber oder vielleicht aufgrund der Größe des Unterfangens nie fertiggestellt. Schloss Linderhof in den Ammergauer Alpen hingegen schon; hier verbrachte der Romantiker sehr viel Zeit mit der Verehrung Richard Wagners und ließ sich zu diesem Anlass auch schon einmal in einer Art Muschelkahn von einem seiner Lieblingsdiener im Lohengrin-Kostüm in der Venusgrotte, einer künstlich erschaffenen Tropfsteinhöhle, herumgondeln. Beschienen wurde die Szenerie dabei vom ersten elektrischen Licht des 19. Jahrhunderts, und dies auch noch in verschiedenen Farben.

À propos Technik: Die Leidenschaft Ludwigs II. von Bayern für technische Spielereien, mit denen er seine Traumschlösser auf das Modernste ausstattete, sollte schließlich dazu führen, dass man ihn für komplett unzurechnungsfähig erklärte. Ausschlaggebend hierfür war nicht der erste Fernsprecher Bayerns in Neuschwanstein, die dort installierte Zentralheizung oder die automatischen Toilettenspülungen. Es ging auch nicht um den akkubetriebenen Mond, der über dem königlichen Puttenschlitten prangte, auf dem Ludwig oft nächtens durch den Schnee glitt. Der echte Höhepunkt des überspannten Ganzen war wohl der Entwurf eines Flugwagens in Pfauenform, mit dem der König über den Alpsee schweben wollte.

Zuletzt entmündigt, vereinsamt und zutiefst besorgt um die Fertigstellung seiner Bauwerke starb »der Kini« unter mysteriösen Umständen im Starnberger See.

Heute findet man Andenken an ihn in jedem Souvenirladen, auf Bierkrügen und Schnupftabaksdosen und allem, was der Tourist als typisch bayrisch wähnt.

Die Anhänger der bayrischen Monarchie trauern jedoch mit ihrem Kult um den Kini eigentlich einem Mitglied der Wittelsbacher nach, der gar kein König war: Prinzregent Luitpold führte ein Vierteljahrhundert die Geschäfte, verteilte Zigarren an das Volk und ging sehr gerne jagen. Als ähnlich volkstümlich galt auch sein Großvater, König Max I. Trotzdem war das Verhältnis der Bayern zu ihren Königen immer zwiespältig und von einer gewissen Vorliebe für Krachertes und Trara geprägt: Der letzte Monarch, König Ludwig III., sah zwar aus wie Luitpold, war als König aber eher langweilig, was er 1918 mit dem Exil büßen musste. Dann wieder schickten die Bayern auch einen Herrscher in den Ruhestand, der ganz und gar nicht langweilig war: König Ludwig I., der seinem Volk immerhin eine ganze Schönheitengalerie hinterließ.

SAURER KALBSSCHWANZ MIT FUI GWÜRZ

Was a richtiga Urbayer is, der fieselt's Schwanzl ab. Ois klar? Der isst's hoid mit de Finga. Für Zuagroaste: Richtige Fleischliebhaber genießen es, ganz ursprünglich mit den Fingern zu essen und das Fleisch mit den Zähnen vom Knochen zu knabbern.

GSCHMACKIG UND BODENSTÄNDIG

ZUTATEN FÜR 4–6 PERSONEN:

1 Möhre | 1 Stück Lauch (ca. 120 g)
1 Stück Knollensellerie (ca. 140 g)
1 große Gemüsezwiebel
24–26 Stücke Kalbsschwanz (ca. 2,5 kg)
Salz | schwarzer Pfeffer aus der Mühle
2 EL Mehl | 4 EL Pflanzenöl | 2 EL Tomatenmark
½ l Roséwein (z. B. Weißherbst)
1,6 l Braten- oder Kalbsfond (aus dem Glas)
2 EL Sauerbratengewürz (siehe Tipps)
3 Salbeiblätter | 1 TL brauner Zucker

SO LANG DAUERT'S: ca. 1 Std.
IM TOPF: ca. 2 Std.
PRO PORTION (bei 6 Personen):
ca. 320 kcal | 26 g E | 13 g F | 13 g KH

1 Das Gemüse schälen oder waschen und putzen und in 1 cm große Würfel schneiden. Die Zwiebel schälen und fein würfeln. Die Kalbsschwanzstücke mit Salz und Pfeffer würzen und rundherum mit etwas Mehl einstäuben.

2 Das Öl in einem breiten Topf erhitzen. Die Kalbsschwanzstücke einlegen und übriges Mehl darüberstäuben. Fleisch 5 Min. bei starker Hitze anbraten, wenden und weitere 5 Min. braten, aus dem Topf heben. Gemüse (bis auf den Lauch) und Zwiebel in den Topf geben und 3 Min. unter ständigem Rühren anrösten. Das Tomatenmark einrühren und 2 Min. mitrösten. Mit 1 Schuss Wein ablöschen und 5 Min. einkochen lassen, wieder ablöschen und 5 Min. einkochen. Übrigen Wein und Fond dazugießen, Kalbsschwanzstücke hineinlegen, Sauerbratengewürz einstreuen und alles aufkochen lassen. Dann abgedeckt bei geringer Hitze ca. 2 Std. schmoren lassen, bis das Fleisch weich ist, dabei die Stücke ab und zu wenden.

3 Fertige Kalbsschwanzstücke aus dem Topf heben, Sauce durch ein feines Sieb gießen, auffangen und wieder zurück in den Topf geben. Sauce aufkochen und bei mittlerer Hitze ca. 12 Min. einkochen lassen. Die Salbeiblätter in feine Streifen schneiden und mit dem Lauch zur Sauce geben, mit dem Zucker würzen. Kalbsschwanz wieder einlegen und weitere 6–7 Min. bei geringer Hitze schmoren lassen. Mit Salz und Pfeffer abschmecken.

4 Die Kalbsschwanzstücke ganz rustikal samt der Knochen mit reichlich Sauce in tiefen Tellern anrichten. Am besten mit breiten Nudeln, Salzkartoffeln oder Semmelknödeln (S. 89) servieren.

GUADE TIPPS

Sauerbratengewürz ist eine bunte Mischung aus getrocknetem Gemüse, Kräutern und Gewürzen. Meist besteht es aus Lorbeerblättern, Wacholderbeeren, Piment-, Senf- und schwarzen Pfefferkörnern sowie Sellerie, Knoblauch, Möhren und Petersilie. Man bekommt es in jedem Supermarkt.
Wer mag, kann die gegarten Kalbsschwanzstücke auch ohne Knochen servieren: einfach das Fleisch ablösen und in der Sauce erwärmen. Bleibt etwas übrig, Rest kochend heiß in saubere Gläser füllen, verschließen, auskühlen lassen und kühl stellen.

KALBSNIERENBRATN

Der Kalbsnierenbraten ist einer der Klassiker in der Sonntagsküche. Sauber geputzte Nierenstücke werden vom Metzger in ein Stück vom Kalbsbauch gewickelt und dann mit Küchengarn zu einem Braten gebunden.

EIN BAYRISCHES ORIGINAL

ZUTATEN FÜR 4 PERSONEN:

1 Möhre
1 Stück Knollensellerie (ca. 150 g)
1 große Gemüsezwiebel
400 g Kalbsknochen (vom Metzger klein hacken lassen)
1,3 kg Kalbsnierenbraten (unbedingt beim Metzger vorbestellen!)
Salz | schwarzer Pfeffer aus der Mühle
2 EL Pflanzenöl | 2 EL Tomatenmark
800 ml Braten- oder Kalbsfond (aus dem Glas, ersatzweise Wasser oder Fleischbrühe)
1 EL Sauerbratengewürz (siehe Tipps, S. 176)
1 Stängel Estragon
1 TL Speisestärke
Sonst noch: Küchengarn

SO LANG DAUERT'S: ca. 30 Min.
IM OFEN: ca. 2 Std. 45 Min.
PRO PORTION: ca. 525 kcal | 56 g E | 29 g F | 10 g KH

1 Backofen auf 160° C vorheizen. Möhre, Sellerie und die Zwiebel schälen und in 1 cm große Würfel schneiden. Die Knochen waschen und gut trocken tupfen. Den Braten auch noch längs mit Küchengarn binden (siehe Tipp), mit Salz und Pfeffer würzen.

2 Das Öl in einem Bräter erhitzen. Darin den Kalbsnierenbraten 1 Min. anbraten, dann unter Wenden auch die anderen Seiten in 2–3 Min. anbraten. Das Fleisch aus dem Topf heben. Knochen hineingeben und 3 Min. bei mittlerer Hitze anrösten. Zwiebel und Gemüse dazugeben und alles weitere 3 Min. rösten. Tomatenmark dazugeben und unter Rühren 3 Min. braten. Mit 100 ml Fond ablöschen, 1 Min. einkochen lassen. Den übrigen Fond dazugießen und aufkochen lassen, das Sauerbratengewürz einstreuen. Fleisch einlegen und abdeckt im Ofen (Mitte, Umluft 140°) 45 Min. garen. Dann den Braten wenden und noch 1 Std. 45 Min. garen, dabei nach 1 Std. immer wieder mal wenden. Zum Schluss den Deckel abnehmen und den Braten 15 Min. offen weitergaren, sodass die Oberseite noch etwas Farbe bekommt.

3 Den Bräter aus dem Ofen nehmen, Fleisch herausheben. Die Sauce durch ein feines Sieb in einen Topf gießen. Sauce aufkochen, Estragon abbrausen und in die Sauce legen, bei mittlerer Hitze 5 Min. einkochen lassen. Stärke mit 2–3 EL kaltem Wasser verrühren, unter die Sauce rühren, in 5 Min. sämig einkochen lassen. Mit Salz und reichlich Pfeffer abschmecken.

4 Den Kalbsnierenbraten vom Küchengarn befreien, in fingerdicke Scheiben schneiden und mit der Sauce auf Tellern anrichten. Am besten mit Semmelknödeln (S. 89), Kartoffelbrei (S.95), Spatzn oder Schupfnudeln (S. 93) servieren. Auch fein dazu: gebratene Champignons oder Pfifferlinge und Kopfsalat.

GUADA TIPP

Der Metzger hat zwar den Kalbsbauch samt der eingerollten Nierenstücke bereits mit Küchengarn zu einem Braten gebunden, damit bei der Zubereitung aber garantiert nichts herausfällt, den Rollbraten am besten noch der Länge nach mit Küchengarn binden.

KIRCHWEIHGANSERL

Ab dem Martinstag am 11. November startet die Schlachtsaison für Gänse. Die saftige und knusprig gebratene Gans gehört in Bayern zu Martini, an Weihnachten – und natürlich zur Kirchweih auf den Tisch.

AUSSEN RESCH, INNEN SAFTIG

ZUTATEN FÜR 5–6 PERSONEN:

Für die Gans:

1 Gans (ca. 4,7 kg)
2 große Zwiebeln
2 säuerliche Äpfel (z. B. Boskop)
1 Scheibe Schwarzbrot
2 Stängel getrockneter Beifuß (nach Belieben)
½ TL schwarze Pfefferkörner | Salz
2 Lorbeerblätter
½ TL Kümmelsamen
ein paar Holzspießchen oder Küchengarn und -nadel

Für die Sauce:

700 g Gänseknochen (beim Geflügelhändler vorbestellen und klein hacken lassen)
3 Zwiebeln | 1 Möhre
1 Stück Knollensellerie (ca. 150 g)
2 EL Pflanzenöl | 2 EL Tomatenmark
300 ml kräftiger Rotwein (z. B. Cabernet Sauvignon)
1 geh. EL Mehl
1 l Gänse- oder Bratenfond (aus dem Glas)
2 Lorbeerblätter
1 TL schwarze Pfefferkörner
½ TL Wacholderbeeren
½ TL Pimentkörner
1 Stängel getrockneter Beifuß (nach Belieben)
1 Stück Bio-Orangenschale (6–8 cm)
Salz

SO LANG DAUERT'S: ca. 1 Std.
IM OFEN: ca. 4 Std. 30 Min.
PRO PORTION (bei 6 Personen):
ca. 2090 kcal | 92 g E | 181 g F | 14 g KH

1 Den Backofen auf 200° (am besten Umluft, sonst 220° Ober- und Unterhitze) vorheizen. Falls nötig die Innereien aus der Bauchhöhle der Gans entfernen. Die Gans innen und außen waschen und mit Küchenpapier trocken tupfen, das Bauchfett abtrennen und beiseitelegen. (Innereien nach Belieben verarbeiten wie in den Tipps auf S. 185 beschrieben.) Die Flügelknochen und den Hals abschneiden und grob hacken.

2 Für die Sauce die vorbestellten Gänseknochen, Flügelknochen und Hals auf ein Backblech legen und im Ofen (Mitte) in ca. 30 Min. goldbraun braten, dabei die Knochen immer wieder mal wenden. Dann Blech aus dem Ofen nehmen und den Bratensatz mit 200 ml Wasser lösen, beiseitestellen. Backofen auf 120° (Umluft, 140° Ober- und Unterhitze) schalten.

3 Zwischendurch für die Füllung Zwiebeln schälen und in grobe Würfel schneiden. Die Äpfel waschen, vierteln, entkernen und ebenfalls grob würfeln. Die Brotscheibe in grobe Stücke schneiden. Alles in eine Schüssel geben, eventuell die Beifußblätter mit den Fingern von den Stängeln darüberreiben. Die Pfefferkörner in einem Mörser grob zerstoßen. Füllung mit Pfeffer, Salz, Lorbeerblättern und Kümmel würzen.

4 Die Gans innen und außen salzen. Füllung in der Bauchhöhle verteilen, Öffnung mit Holzspießchen oder Garn und Nadel verschließen. Die Gans mit der Brustseite nach unten in ein tiefes Backblech setzen, Bauchfett darauflegen, 1 l heißes Wasser dazugießen. Gans im Ofen (Mitte) ca. 2 Std. 30 Min. garen, dabei immer wieder mit der Bratenflüssigkeit übergießen. Dann die Gans wenden und weitere 2 Std. garen.

5 In der Zwischenzeit die Sauce zubereiten. Dafür Zwiebeln, Möhre und Sellerie schälen und in ca. 1 cm große Würfel schneiden. Das Öl in einem breiten Topf erhitzen. Darin das Gemüse und die Zwiebeln 3 Min. anrösten. Die Knochen dazugeben, Tomatenmark einrühren und alles weitere 3 Min. rösten. Mit 1 Schuss Rotwein ablöschen, einkochen lassen und alles mit dem Mehl einstäuben. Diesen Vorgang noch zweimal wiederholen. Dann den übrigen Wein, Gänse- oder Bratenfond und den gelösten Bratensatz der Knochen dazugießen, aufkochen und bei geringer Hitze 2 Std. sanft köcheln lassen. Nach ca. 1 Std. Lorbeerblätter, Pfefferkörner, Wacholderbeeren, Pimentkörner und eventuell Beifußstängel dazugeben.

6 Die Gans aus dem Ofen nehmen, Grillfunktion des Ofens (höchste Stufe) einschalten. Bratenfett durch ein Sieb in einen Topf gießen. Die Gans tranchieren, also Keulen und Brüste von der Karkasse schneiden, und die Stücke mit der Hautseite nach oben wieder auf das Blech legen. 1 TL Salz und 4 EL heißes Wasser verrühren, die Fleischstücke mit dem Salzwasser bepinseln. In den Ofen (Mitte) schieben und in 10–15 Min. goldbraun und knusprig grillen, dabei immer wieder mit dem Salzwasser bepinseln.

7 Inzwischen Sauce durch ein feines Sieb gießen, auffangen und wieder zurück in den Topf geben, die Orangenschale einlegen. Sauce aufkochen lassen und je nach Konsistenz bei starker Hitze in 5–10 Min. sämig einkochen lassen. Orangenschale entfernen, Sauce mit Salz abschmecken.

8 Die knusprigen Gänsebrüste und -keulen aus dem Ofen nehmen, in Portionsstücke schneiden und mit der Sauce auf Tellern oder einer schönen Platte anrichten und servieren. Als Beilage eignen sich sehr gut Kartoffelknödel (S. 88) und Blaukraut (S. 200) oder Selleriesalat (S. 207). Liebhaber erhitzen das abgegossene Bratenfett und beträufeln sich ihre Knödel und das Fleisch damit.

GUADA TIPP

Bei größeren Gänsen (ab 5 kg) kann man pro Kilogramm ca. 1 Std. Garzeit rechnen. Falls die gekaufte Gans also schwerer ist, als im Rezept angegeben, einfach die Garzeit entsprechend anpassen. Für den Gartest mit einem Holzstäbchen zwischen Brust und Keule in das Fleisch stechen, läuft klarer Fleischsaft heraus, ist die Gans fertig. Sonst noch ein bisschen länger im Ofen lassen.

BAUERNANTN

Auf dem Münchner Oktoberfest sind die gegrillten Enten ein echter Geheimtipp. Mit dazu gehört natürlich a ordentliche Soss, die man durchaus schon ein paar Tage im Voraus zubereiten kann.

AROMATISCH UND RESCH

ZUTATEN FÜR 4 PERSONEN:

Für die Ente:

2 junge Bauernenten (je ca. 2 kg)
1 Zwiebel
1 säuerlicher Apfel (z. B. Boskop)
1 Bio-Orange
4 Stängel Majoran
4 Stängel Petersilie
Salz | schwarzer Pfeffer aus der Mühle
ein paar Holzspießchen oder Küchengarn und -nadel

Für die Sauce:

500 g Entenknochen (beim Geflügelhändler vorbestellen und klein hacken lassen)
2 Zwiebeln
1 Möhre
1 Stück Knollensellerie (ca. 150 g)
200 ml kräftiger Rotwein (z. B. Cabernet Sauvignon)
100 ml roter Portwein
2 EL Pflanzenöl
2 EL Tomatenmark
1,2 l Enten- oder Bratenfond (aus dem Glas)
3 Zweige Thymian
1 EL Speisestärke
2 Stängel Majoran
1 EL Orangenmarmelade
Salz | schwarzer Pfeffer aus der Mühle

SO LANG DAUERT'S: ca. 1 Std.
IM OFEN: ca. 3 Std. 10 Min.
PRO PORTION:
ca. 2015 kcal | 148 g E | 143 g F | 19 g KH

1 Den Backofen auf 200° (am besten Umluft, sonst 220° Ober- und Unterhitze) vorheizen. Falls nötig die Innereien aus der Bauchhöhle der Enten entfernen. Die Enten innen und außen waschen und mit Küchenpapier trocken tupfen. (Die Innereien nach Belieben verarbeiten wie in den Tipps beschrieben.) Flügelknochen und Kragen abschneiden und grob hacken. Bürzel abschneiden und wegwerfen.

2 Für die Sauce die vorbestellten Entenknochen, Flügelknochen und Kragen auf ein Backblech legen und im Ofen (Mitte) in ca. 30 Min. goldbraun braten, dabei die Knochen immer wieder mal wenden. Dann das Blech aus dem Ofen nehmen und die Knochen beiseitestellen. Den Backofen auf 120° (Umluft, 140° Ober- und Unterhitze) schalten.

3 Zwischendurch für die Füllung Zwiebel schälen und in grobe Würfel schneiden. Die Äpfel waschen, vierteln, entkernen und grob würfeln. Die Orange heiß waschen und ebenfalls grob würfeln. Kräuter abbrausen, trocken schütteln und samt der Stängel grob zerkleinern. Alles in eine Schüssel geben und vermischen. Mit Salz und Pfeffer würzen.

4 Die Enten innen salzen und pfeffern, außen nur salzen. Die Füllung in den Bauchhöhlen verteilen, Öffnungen mit Holzspießchen oder Garn und Nadel verschließen. Enten mit der Brustseite nach unten in ein tiefes Backblech setzen und ¾ l heißes Wasser dazugießen. Enten im Ofen (Mitte) ca. 1 Std. 10 Min. garen. Dabei immer wieder mit der Bratenflüssigkeit übergießen. Dann die Enten wenden, Brüste zeigen jetzt nach oben, und weitere 1 Std. 50 Min. garen.

5 In der Zwischenzeit die Sauce zubereiten. Dafür Zwiebeln, Möhre und Sellerie schälen und ca. 1 cm groß würfeln. Rotwein und Portwein vermischen. Öl in einem breiten Topf erhitzen, darin Gemüse und Zwiebeln 3 Min. anrösten. Die Knochen dazugeben, das Tomatenmark einrühren und alles weitere 3 Min. rösten. Mit 1 Schuss Wein ablöschen und einkochen lassen. Diesen Vorgang zweimal wiederholen. Dann übrigen Wein und den Fond dazugießen, Thymian abbrausen und einlegen. Die Sauce aufkochen und bei geringer Hitze 2 Std. sanft köcheln lassen.

6 Enten aus dem Ofen nehmen, Grillfunktion des Ofens (höchste Stufe) einschalten. Bratenfett vom Blech abgießen. Enten längs halbieren, Füllungen entfernen und die Rückgrate wegschneiden. Entenhälften mit den Hautseiten nach oben aufs Blech legen. 1 TL Salz und 4 EL heißes Wasser verrühren, Haut mit Salzwasser bepinseln. In den Ofen (Mitte) schieben und in ca. 10 Min. goldbraun und knusprig braten, dabei ab und zu mit Salzwasser bepinseln.

7 Inzwischen Sauce durch ein feines Sieb gießen, auffangen und wieder zurück in den Topf geben. Die Sauce bei starker Hitze 5 Min. einkochen lassen. Stärke mit 2–3 EL kaltem Wasser verrühren. Nach und nach nur so viel Stärke unter die Sauce rühren, bis diese sämig ist, dann noch 3 Min. kochen lassen. Majoran abbrausen und trocken schütteln, Blättchen abzupfen, fein hacken und mit der Marmelade unter die Sauce rühren. Mit Salz und Pfeffer würzen.

8 Knusprige Entenhälften aus dem Ofen nehmen, mit der Sauce auf Tellern anrichten und servieren. Als Beilage eignen sich sehr gut Kartoffelknödel (S. 88) und Blaukraut (S. 200).

GUADE TIPPS

Wer mag, wirft die Innereien nicht weg, sondern bereitet sie ebenfalls zu. Die Lebern kann man etwa als Vorspeise servieren. Einfach mit Salz und Pfeffer würzen, in wenig Mehl wenden, in Butter von beiden Seiten kurz braten und mit einem angemachten Feldsalat auf kleinen Tellern anrichten. Das Herz und den Magen nach dem Aufgießen mit Wein und Fond mit zur Sauce geben und mitköcheln lassen.
Um zu testen, ob die Enten gar sind, ein Holzstäbchen zwischen Brust und Keule einstechen. Das Fleisch sollte beim Reinstechen schön weich sein und klarer Fleischsaft dabei austreten.

AUF DER PIRSCH

Der Bayer ist kein besonders aufmüpfiger, geschweige denn revolutionärer Mensch, das ist ein Allgemeinplatz. Hat er »sei Ruah«, gibt er in der Regel auch selbst eine solche und grantelt allenfalls herum. Richtig aufregen tut er sich erst, wenn ihm jemand »des Kraut ausgschütt hod«, also wenn sein Fass gerade überläuft. Das kommt gelegentlich vor und kann insbesondere nach reichlichem Biergenuss und dann passieren, wenn es um die eigene Heimat, um die Natur und um Grund und Boden geht, ist aber eine eigene Geschichte.

Bei den legendären Wilderern und Wildschützen in den bayrischen Wäldern gehörte das Rebellische hingegen immer dazu. Auch wenn's ihnen dabei nie um das große Ganze ging, sondern eher um Aufmüpfigkeiten gegen die dem Adel zugetane Obrigkeit und ihre ganz individuelle Freiheit.

Bayern besitzt mit Abstand die größte Waldfläche aller Bundesländer. Mehr als ein Drittel des Freistaats besteht aus Bäumen. Vor gut hundert Jahren konnte man in Bayern vor lauter Bäumen den Wald nicht mehr sehen. Und aus dem kam so gut wie alles, was der Mensch zum Leben brauchte. Das Holz zum Bauen und Heizen, das Fleisch vom Hirsch oder Reh, vom Wildschwein, Hasen oder Fasan – aber eben auch der ein oder andere Räuber.

»De Wocha geht scho guat, am Montag wer i köpft.« (Mathias Kneissl)

Um die Mythen von sagenhaften Wilderern wie den Räubern Mathias Kneissl und Georg Jennerwein, dem Robin Hood vom Schliersee und »stolzem Schütz in seinen schönsten Jahren«, haben sich bayrische Literaten wie Ludwig Ganghofer und Ludwig Thoma verdient gemacht. Ihre Helden erlegten das Wild noch waidgerecht wie echte Jägersleute und verkauften das Fleisch anschließend an Gastwirte oder verschenkten es auch an bedürftige Bauersfamilien. Damit begehrten sie gegen ein Recht auf, das das Erlegen von Wild an den Besitz von Grund von Boden band und den Schutz des Wildes immer vor den des gemeinen Volks stellte. Den vornehmen Jagdgesellschaften sollte zu jeder Zeit genug Wild zur Verfügung stehen.

Vor der Verfolgung durch die Staatsgewalt wurden die wilden Burschen, die dieses Recht ignorierten, liebend gern von den einfachen Leuten geschützt. Deren Alarmsystem bestand in einem speziellen Signal: dem Jodler. Ertönte dieser, so wurden schnell die Gewehre zerlegt, die Läufe zersägt oder auch die Schuhe falsch herum besohlt. All das, um die königlichen Jäger und Gendarmen an der Nase herumzuführen. Allerdings war das Leben der unerschrockenen Naturburschen trotz einer dramatischen Alpenkulisse mit reißenden Wildbächen und bewaldeten, sturmzerklüfteten Berggipfeln eher weniger wildromantisch, vor allem wenn es ein böses Ende nahm. Das Wildern galt bis ins Jahr 1848 als Majestätsdelikt, welches man mit Handabschlagen, Frondienst oder sogar dem Tod durch den Strang ahndete.

Heute ist der Verzehr von Wild ein demokratisches Vergnügen, das in bayrischen Wirtshäusern zur Jagdsaison im Frühjahr und Herbst zelebriert werden kann. Denn so reich wie die bayrischen Wälder an Wild und wilden Geschichten sind, ist es die bayrische Küche an feinen Wildrezepten.

BRATN VOM MAIBOCK

Nach langer Schonzeit beginnt im Mai die Jagdsaison für Rehböcke. Endlich gibt es dann für Liebhaber wieder frisches Wildfleisch auf dem Markt.

FESTESSEN MIT VIEL SAUCE

ZUTATEN FÜR 4 PERSONEN:

1 Zwiebel
1 Möhre
1 Stück Knollensellerie (ca. 150 g)
4 Zweige Thymian
1,2 kg ausgelöste Rehkeule
Salz | schwarzer Pfeffer aus der Mühle
1 TL gemahlenes Wildgewürz
2 gute Prisen Mehl
3 EL Pflanzenöl
2 EL Tomatenmark
½ l kräftiger Rotwein (z. B. Cabernet Sauvignon)
1 l Wildfond (aus dem Glas)
1 TL Wacholderbeeren
1 TL schwarze Pfefferkörner
1 TL Speisestärke
2 EL Johannisbeergelee
2 EL Sahne
Sonst noch: Küchengarn

SO LANG DAUERT'S: ca. 30 Min.
IM TOPF: ca. 2 Std. 20 Min.
PRO PORTION: ca. 640 kcal | 78 g E | 18 g F | 15 g KH

1 Die Zwiebel, die Möhre und den Sellerie schälen und in 1 cm große Würfel schneiden. Den Thymian abbrausen und trocken schütteln. Die Rehkeule waschen und mit Küchenpapier gut trocken tupfen. Das Fleisch falls nötig von Sehnen befreien, in Form bringen und mit Küchengarn binden. Mit Salz, Pfeffer und Wildgewürz würzen, mit dem Mehl einstäuben.

2 Das Öl in einem Schmortopf erhitzen. Darin das Fleisch 2 Min. anbraten, wenden und rundherum in weiteren 4 Min. anbraten. Aus dem Topf nehmen.

3 Zwiebel, Gemüse und das Tomatenmark in den Topf geben und im Bratfett 3–4 Min. anrösten. Mit 1 Schuss Rotwein ablöschen und 3 Min. einkochen lassen. Diesen Vorgang noch zweimal wiederholen. Dann das Fleisch wieder in den Topf geben, übrigen Wein und den Wildfond dazugießen, aufkochen und 3 Min. kochen lassen. Thymian, Wacholderbeeren und Pfefferkörner dazugeben und die Rehkeule abgedeckt bei geringer Hitze in ca. 2 Std. weich schmoren.

4 Das Fleisch aus dem Topf nehmen. Die Sauce durch ein feines Sieb gießen, auffangen und zurück in den Topf geben, aufkochen lassen. Die Stärke mit 2–3 EL kaltem Wasser verrühren und unter die Sauce rühren, bei mittlerer Hitze in ca. 20 Min. sämig einkochen lassen. Johannisbeergelee und Sahne unter die Sauce rühren. Fleisch einlegen und aufkochen, dann vom Herd nehmen und noch kurz ziehen lassen.

5 Die Rehkeule von dem Garn befreien und in 1 cm dicke Scheiben schneiden. Mit der Sauce auf Tellern anrichten und servieren. Gut passen dazu Serviettenknödel (S. 90) oder Semmelknödel (S. 89) und Rahmwirsing (S. 203). Wer möchte, kann außerdem noch Preiselbeeren aus dem Glas mit auf den Tisch stellen. Aa guad: Die Rehkeule mit gebratenen Pfifferlingen (S. 114) garnieren.

GSCHMORTS REHSCHÄUFERL

Gerade bei zarten Fleischstücken bietet sich das Garen mitsamt dem Knochen an. So wird der natürliche Geschmack von Fleisch und Schmorsauce intensiver – und die Rehschultern bleiben schön saftig.

RUSTIKAL UND FEIN

ZUTATEN FÜR 4 PERSONEN:

1 große Zwiebel
1 große Möhre
1 Petersilienwurzel
1 Stück Knollensellerie (ca. 250 g)
4 Rehschultern (je ca. 700 g)
Salz | schwarzer Pfeffer aus der Mühle
1 EL Mehl | 4 EL Pflanzenöl
2 EL Tomatenmark
½ l kräftiger Rotwein (z. B. Cabernet Sauvignon)
1,2 l Wildfond (aus dem Glas)
3 Nelken | 1 Msp. Kümmelsamen
1 TL Pimentkörner
½ TL helle Senfkörner
½ TL Korianderkörner
1 TL Wacholderbeeren
1 TL schwarze Pfefferkörner
1 Msp. getrockneter Thymian
2 Lorbeerblätter
3 TL Speisestärke
2–3 EL Holunder- oder Preiselbeerkonfitüre
Sonst noch: Küchengarn

SO LANG DAUERT'S: ca. 40 Min.
IM TOPF: ca. 2 Std. 10 Min.
PRO PORTION: ca. 1050 kcal | 133 g E | 35 g F | 22 g KH

1 Zwiebel, Möhre, Petersilienwurzel und Sellerie schälen und in 1 cm große Würfel schneiden. Jede Rehschulter im Gelenk durchtrennen und in zwei Stücke teilen. Die Fleischstücke mit Küchengarn in Form binden, mit Salz und Pfeffer würzen und mit Mehl einstäuben.

2 In einem Schmortopf 3 EL Öl erhitzen. Darin die Hälfte der Fleischstücke 2 Min. anbraten, wenden und noch 1 Min. braten. Die Stücke aus dem Topf heben, restliches Öl in den Topf geben und übrige Fleischstücke ebenfalls anbraten, herausheben.

3 Die Zwiebel und das Gemüse in den Topf geben und in 3 Min. anrösten. Das Tomatenmark einrühren und 3 Min. mitrösten. Mit 1 guten Schuss Rotwein ablöschen und einkochen lassen. Diesen Vorgang zweimal wiederholen. Übrigen Wein und Wildfond dazugießen, das Fleisch einlegen und aufkochen lassen. Nelken, Kümmel, Piment, Senfkörner, Koriander, Wacholderbeeren und Pfefferkörner in einem Mörser grob zerstoßen. Mit dem Thymian und den Lorbeerblättern unter die Sauce rühren. Die Rehschultern abgedeckt in ca. 1 Std. 50 Min. weich schmoren, dabei die Stücke gelegentlich in der Sauce wenden.

4 Das Fleisch aus dem Topf nehmen. Die Sauce durch ein feines Sieb gießen, auffangen und wieder zurück in den Topf geben. Mit einer Schöpfkelle eventuell das Fett abnehmen. Die Sauce ca. 20 Min. bei mittlerer Hitze einkochen lassen. Stärke mit 2–3 EL kaltem Wasser verrühren. Nach und nach nur so viel Stärke unter die Sauce rühren, bis diese sämig ist, dann noch 3 Min. kochen lassen. Mit Holunder- oder Preiselbeerkonfitüre verfeinern, Fleisch wieder in die Sauce legen und alles weitere 3 Min. kochen lassen. Mit Salz und Pfeffer abschmecken.

5 Ganz rustikal die Rehschäuferl samt Knochen mit der Sauce auf Tellern anrichten und servieren. Sehr gut passt ein Serviettenknödel (S. 90) dazu.

HIRSCHSTEAKS MIT PREISELBEEREN

Die fruchtige Süße und das besondere Aroma der Preiselbeeren passen hervorragend zu Wild. Und damit beides sowie auch die intensive rote Farbe erhalten bleiben, werden die Beeren in der Küchenmaschine mit Gelierzucker kalt gerührt und nicht im Topf gekocht.

WAS GANZ BSONDERS

ZUTATEN FÜR 4 PERSONEN:

Für die Beeren (ca. 450 g):
300 g Preiselbeeren
150 g Gelierzucker 2 : 1

Für die Steaks:
2 Hirschrückenfilets (je ca. 350 g)
Salz | schwarzer Pfeffer aus der Mühle
5 Prisen gemahlenes Wildgewürz
1 EL Pflanzenöl
5 Wacholderbeeren | 3 Zweige Thymian
1 TL Tomatenmark
5 Pimentkörner | 1 Lorbeerblatt
100 ml kräftiger Rotwein (z. B. Cabernet Sauvignon)
400 ml Wildfond (aus dem Glas)
½ TL schwarze Pfefferkörner
1 TL Speisestärke
100 g Sahne | 1 EL Butter

SO LANG DAUERT'S: ca. 1 Std. 20 Min.
PRO PORTION: ca. 590 kcal | 42 g E | 20 g F | 52 g KH

1 Preiselbeeren verlesen, in ein Sieb geben, waschen und gut abtropfen lassen. Mit dem Gelierzucker in die Schüssel der Küchenmaschine geben, mit dem Quirl ca. 1 Std. auf langsamer Stufe durchrühren lassen.

2 Inzwischen Backofen auf 150° (Ober- und Unterhitze verwenden, Umluft ist nicht empfehlenswert) vorheizen. Filets falls nötig von Sehnen befreien und mit Salz, Pfeffer und Wildgewürz würzen. Öl in einer großen Pfanne erhitzen. Darin das Fleisch 1 Min. bei mittlerer Hitze anbraten, wenden und ringsherum noch 1 Min. anbraten. Beide Filets auf den Rost legen und in den Ofen (Mitte) schieben, ein Backblech als Tropfschutz darunterschieben. Die Filets in ca. 35 Min. »rosa« garen, dabei immer wieder mal wenden.

3 Wacholderbeeren in einem Mörser anquetschen, den Thymian abbrausen und trocken schütteln. Das Tomatenmark in der Pfanne 1 Min. anrösten, Wacholderbeeren, Piment und das Lorbeerblatt unterrühren. Mit Wein ablöschen, 1 Thymianzweig einlegen, 2 Min. einkochen lassen. Den Wildfond aufgießen und aufkochen, die Sauce bei geringer Hitze ca. 8 Min. einkochen. Die Pfefferkörner im Mörser grob zerstoßen.

4 Die Stärke mit 2–3 EL kaltem Wasser verrühren, unter die Sauce rühren und 1 Min. kochen lassen. Dann die Sahne dazugießen, aufkochen und in 3 Min. sämig einkochen lassen. Die Sauce durch ein feines Sieb in einen Topf gießen, den Siebinhalt gut durchdrücken. Sauce mit Salz, gemörsertem Pfeffer und 2 TL Preiselbeeren abschmecken.

5 Die Filets aus dem Ofen nehmen und ca. 5 Min. ruhen lassen. Die Butter in der Pfanne schmelzen, restliche Thymianzweige dazugeben. Fleisch in die Thymianbutter legen und darin rundherum 1 Min. bei mittlerer Hitze nachbraten. Das Fleisch aufschneiden und mit der Sauce auf Tellern anrichten. Die frisch gerührten Preiselbeeren dazu servieren (Rest in ein sauberes Glas füllen, verschließen, kühl stellen und später anderweitig verwenden). Als Beilage eignen sich Serviettenknödel (S. 90), Schupfnudeln (S. 93) oder Millirahmkartoffeln (S. 94).

WILDSCHWEINGULASCH

Ein herrliches Gericht für die kalten Herbst- und Wintertage. Das Fleisch verträgt sich nämlich sehr gut mit Gewürzen wie Zimt, Piment, Nelken, schwarzem Pfeffer und Muskatnuss – die wir gerade in dieser Zeit recht gern haben. Also ned nur fürn Glühwein verwenden, gäh!

WILDSAU TRIFFT AUF AROMA

ZUTATEN FÜR 4 PERSONEN:

1 große Zwiebel
1 Knoblauchzehe
1 kleine Möhre
1 Stück Knollensellerie (ca. 80 g)
1 Petersiliewurzel
3 Zweige Thymian
1,2 kg Wildschweinschulter
Salz | schwarzer Pfeffer aus der Mühle
1 TL gemahlenes Wildgewürz
3 gute Prisen Mehl
3 EL Pflanzenöl
300 ml roter Portwein
450 ml kräftiger Rotwein (z. B. Cabernet Sauvignon)
2 EL Tomatenmark
1,5 l Wildfond (aus dem Glas, ersatzweise fertige Rinderbrühe)
2 Lorbeerblätter
1 gestr. TL Lebkuchengewürz

SO LANG DAUERT'S: ca. 40 Min.
IM TOPF: ca. 2 Std. 50 Min.
PRO PORTION: ca. 850 kcal | 64 g E | 36 g F | 19 g KH

1 Die Zwiebel, den Knoblauch und das Gemüse schälen und in kleine Würfel schneiden. Thymian abbrausen und trocken schütteln. Die Wildschweinschulter in 2 cm große Würfel schneiden. Die Fleischwürfel mit Salz, Pfeffer und Wildgewürz würzen, dann gleichmäßig mit dem Mehl einstäuben.

2 Das Öl in einem Schmortopf erhitzen. Darin die Fleischwürfel 3 Min. anbraten, wenden und weitere 3 Min. anbraten. Eventuell entstehende Flüssigkeit vollständig einkochen lassen – das kann durchaus 10 Min. dauern. Portwein und Rotwein mischen.

3 Dann Zwiebel, Knoblauch und das Gemüse dazugeben und alles 2 Min. weiterbraten. Tomatenmark einrühren und 4 Min. unter ständigem Rühren mitbraten. Mit 1 Schuss Wein ablöschen und einkochen lassen. Diesen Vorgang zweimal wiederholen. Den Fond und den übrigen Wein dazugießen, aufkochen lassen und das Gulasch bei geringer Hitze ca. 2 Std. schmoren lassen.

4 Thymian, Lorbeerblätter und Lebkuchengewürz zum Gulasch geben, das Fleisch in weiteren 50 Min. weich schmoren. Je nach Art und Qualität des Fleisches kann die Garzeit variieren. Darum rechtzeitig ab und zu mal mit einer Fleischgabel in das Fleisch stechen und prüfen, ob es schon schön weich ist.

5 Das fertige Fleisch mit einer Gabel aus dem Topf heben. Die Sauce durch ein feines Sieb gießen, auffangen und zurück in den Topf geben. Je nach Konsistenz in 5–10 Min. sämig einkochen lassen. Das Fleisch wieder einlegen, nochmals aufkochen lassen, mit Salz und Pfeffer abschmecken. Das Wildscheingulasch mit Serviettenknödeln (S. 90) oder Brezenknödeln (S. 91) und Rahmwirsing (S. 203) servieren.

LAMMKARREE MIT GSCHNITTNE BOHNEN

Das zarte Lammfleisch schmeckt am Knochen gegart besonders gut. Die Knochen dienen als Schutz vorm Trockenwerden und als Geschmacksgeber. Und außerdem schaut des ganze Karree immer guad aus.

SCHAUT NED NUR GUAD AUS

ZUTATEN FÜR 4 PERSONEN:

Für das Karree:

4 Lammkarrees (je ca. 350 g, ohne Fettdeckel und mit sauber geputzten Knochen)
Salz | schwarzer Pfeffer aus der Mühle
2 EL Pflanzenöl
80 g Toastbrot (ohne Rinde)
4 Stängel glatte Petersilie
4 EL weiche Butter
4 TL mittelscharfer Senf
2 Prisen getrocknetes Bohnenkraut

Für die Bohnen:

500 g breite grüne Bohnen
Salz
1 kleine Zwiebel
2 EL Butter
½ TL schwarze Pfefferkörner

SO LANG DAUERT'S: ca. 50 Min.
PRO PORTION: ca. 595 kcal | 37 g E | 42 g F | 16 g KH

1 Den Backofen auf 80° (Ober- und Unterhitze verwenden, Umluft ist nicht empfehlenswert) vorheizen. Die Lammkarrees mit Salz und Pfeffer würzen. Das Öl in einer großen Pfanne erhitzen. Darin das Fleisch 2 Min. bei starker Hitze anbraten, wenden und ringsherum weitere 2–3 Min. anbraten. Die Karrees auf den Rost legen und in den Ofen (Mitte) schieben, ein Backblech als Tropfschutz darunterschieben. Die Lammkarrees in ca. 30 Min. »rosa« garen.

2 Inzwischen das Toastbrot in grobe Stücke zupfen, portionsweise in einen hohen Rührbecher geben und mit einem Pürierstab fein zerkleinern. Die Petersilie abbrausen und trocken schütteln, die Blättchen abzupfen, zu den Brotbröseln geben und zusammen fein durchmixen. Die weiche Butter mit den Quirlen des Handrührgeräts in ca. 3 Min. hellcremig schlagen, den Senf unterrühren und mit den Petersilien-Brotbröseln mischen. Mit Bohnenkraut, Salz und Pfeffer würzen und beiseitestellen.

3 Die Bohnen waschen, putzen und schräg in 3 cm breite Stücke schneiden. Die Bohnen in kochendem Salzwasser in ca. 8 Min. weich garen. In ein Sieb abgießen, eiskalt abschrecken und abtropfen lassen. Die Zwiebel schälen und in feine Würfel schneiden. Butter in einer Pfanne schmelzen. Darin die Zwiebel in ca. 5 Min. hell anbraten. Bohnen dazugeben und in ca. 3 Min. unter ständigem Rühren erwärmen. Die Pfefferkörner in einem Mörser grob zerstoßen, die Bohnen mit Pfeffer und Salz abschmecken.

4 Das Lamm aus dem Ofen nehmen, Grillfunktion des Ofens einstellen (höchste Stufe). Grüne Bröselbutter auf den Lammkarrees verteilen, das Blech wieder in den Ofen (oben) schieben und die Karrees in 3–5 Min. goldbraun überbacken. Aus dem Ofen nehmen, Karrees etwas ruhen lassen, dann zwischen den Knochen aufschneiden. Mit den Pfefferbohnen auf Tellern anrichten und servieren – am besten mit Milliahmkartoffeln (S. 94) oder Bratkartoffeln. Aa guad dazu: Meerrettich ganz frisch über das Lamm und die Bohnen reiben.

BLAUKRAUT

Neben Knödeln & Co. sind gscheide Gemüsebeilagen ebenso wichtig wie Fleisch oder Fisch. Gerade die Kohlsorten haben's den Bayern angetan.

FRUCHTIG UND AROMATISCH

ZUTATEN FÜR 4 PERSONEN:

1 Kopf Blaukraut (Rotkohl, ca. 1 kg)
Salz | 2 EL Zucker
10 Wacholderbeeren
4 Nelken
3 Lorbeerblätter
2 Msp. gemahlener Kümmel
½ l trockener Rotwein
2 EL Apfelessig
frisch gepresster Saft von ½ Orange
2 Zwiebeln
4 EL Pflanzenöl
1 säuerlicher Apfel (z. B. Boskop)
1 Stück Marzipan (ca. 30 g)
200 g Apfelmus (mit Stücken)
schwarzer Pfeffer aus der Mühle

SO LANG DAUERT'S: ca. 20 Min.
IM TOPF: ca. 1 Std. 30 Min.
PRO PORTION:
ca. 350 kcal | 4 g E | 13 g F | 37 g KH

1 Das Blaukraut putzen, den Kopf längs halbieren und den Strunk herausschneiden. Das Kraut in feine Streifen schneiden oder hobeln. Mit 1 EL Salz, Zucker, Wacholderbeeren, Nelken, Lorbeerblättern und Kümmel würzen. Rotwein, Apfelessig und Orangensaft zum Kraut gießen und alles kräftig durchkneten.

2 Zwiebeln schälen, halbieren und in feine Streifen schneiden. Öl in einem großen weiten Topf erhitzen. Darin die Zwiebeln in ca. 3 Min. glasig dünsten. Blaukraut samt der angesammelten Flüssigkeit dazugeben, durchrühren und abgedeckt ca. 30 Min. bei mittlerer Hitze schmoren lassen.

3 Apfel schälen, vierteln, entkernen und in dünne Scheiben schneiden. Das Marzipan in kleine Stücke zupfen. Beides mit dem Apfelmus unter das Blaukraut mischen und das Kraut in 1 Std. fertig garen. Mit Salz und Pfeffer abschmecken, servieren. Es passt sehr gut zu Rindsbratn (S. 170), Wildgerichten, Kirchweihganserl (S. 180) und Bauernantn (S. 184).

GUADA TIPP

Beim Schneiden und Mischen des Blaukrauts am besten mit Einweghandschuhen arbeiten – das Kraut färbt!

BAYRISCH KRAUT

Ob Schweinsbratn, Spofaki oder Schweinshaxn – das leicht süßlich schmeckende Kraut ist der ideale Begleiter.

WÜRZIG UND LEICHT SÜSS
ZUTATEN FÜR 4 PERSONEN:
1 Kopf Spitzkraut oder junges Weißkraut (ca. 1,2 kg)
1 Gemüsezwiebel
1 EL brauner Zucker
Salz
100 ml trockener Weißwein
300 ml Gemüsebrühe
½ Bund glatte Petersilie
2 TL Speisestärke
schwarzer Pfeffer aus der Mühle
2 Prisen gemahlener Kümmel oder Kümmelsamen
1 TL Weißweinessig

SO LANG DAUERT'S: ca. 20 Min.
IM TOPF: ca. 20 Min.
PRO PORTION:
ca. 105 kcal | 5 g E | 1 g F | 14 g KH

1 Das Spitz- oder Weißkraut putzen, den Kopf längs halbieren und den Strunk herausschneiden. Das Kraut in ca. 2 cm große Rauten schneiden. Die Zwiebel schälen und fein würfeln.

2 Den Zucker in einem großen weiten Topf bei mittlerer Hitze schmelzen und in ca. 3 Min. hellbraun karamellisieren. Darin die Zwiebel kurz andünsten. Das Kraut dazugeben und unter Rühren 1 Min. mitdünsten, salzen. Mit Wein ablöschen, 1 Min. einkochen lassen. Brühe dazugießen, aufkochen und das Kraut abgedeckt bei geringer Hitze in ca. 20 Min. weich schmoren.

3 Die Petersilie abbrausen und trocken schütteln, die Blättchen abzupfen und grob hacken. Die Stärke mit 2–3 EL kaltem Wasser verrühren, zum Kraut geben und in ca. 3 Min. sämig einkochen lassen. Mit Salz, Pfeffer, Kümmel und Weinessig abschmecken. Mit Petersilie verfeinern und servieren.

GUADA TIPP

Aufgewärmt schmeckt das Kraut noch besser. Also ruhig schon am Vortag zubereiten – allerdings ohne die Petersilie, die erst ganz zum Schluss dazugeben.

SAUERKRAUT

Früher wurde das Weißkraut per Hand fein gehobelt, Schicht für Schicht mit Salz, Gewürzen und Wasser in ein großes Krautfass gegeben, mit Füßen oder einem Stampfer kräftig bearbeitet und dann beschwert. Heute gibt es zwar modernere Methoden, immer noch bekommt das Kraut aber seinen typischen Geschmack und die lange Haltbarkeit durch die einsetzende Milchsäuregärung.

HERZHAFT UND DEFTIG

ZUTATEN FÜR 4 PERSONEN:

1 kg frisches Sauerkraut
1 große Gemüsezwiebel
1 EL Butter- oder Schweineschmalz
100 g geräuchertes Wammerl (Bauchspeck)
200 ml trockener Weißwein
½ l Gemüsebrühe
Salz
1 EL Zucker
2 Lorbeerblätter
10 Wacholderbeeren

SO LANG DAUERT'S: ca. 20 Min.
IM TOPF: ca. 3 Std.
PRO PORTION:
ca. 190 kcal | 9 g E | 8 g F | 9 g KH

1 Das Sauerkraut in ein Sieb geben, mit den Fingern oder mit einer Gabel etwas auflockern, kurz mit Wasser abbrausen und gut abtropfen lassen. Die Zwiebel schälen, halbieren und in feine Streifen schneiden.

2 Das Schmalz in einem großen breiten Topf erhitzen. Darin die Zwiebel ca. 8 Min. bei mittlerer Hitze anbraten. Das Kraut und das Wammerl (im ganzen Stück) in den Topf geben und 1 Min. mitbraten. Mit Weißwein ablöschen, Gemüsebrühe aufgießen und aufkochen lassen.

3 Das Sauerkraut mit Salz und Zucker würzen, Lorbeerblätter und Wacholderbeeren untermischen. Das Kraut zugedeckt bei geringer Hitze in ca. 3 Std. weich schmoren, dabei ab und zu umrühren. Das fertige Kraut mit Salz abschmecken, servieren. Es passt sehr gut zu frischen Blut- und Leberwürsten (siehe Tipp, S. 63), Schupfnudeln (S. 93) oder mit Sahne verfeinert zu gebratenem Zander.

GUADA TIPP

Aufgewärmt schmeckt das Sauerkraut noch besser. Also ruhig schon am Vortag zubereiten.

RAHMWIRSCHING

Wirsing kann man ganz unterschiedlich zubereiten. Ob als Eintopf, Beilage, Auflauf oder Wickerl – der Kohl sollte immer schön weich gekocht werden. Dann kommt sein guter Geschmack erst richtig zur Geltung. Außerdem ist das Gemüse so besser verträglich.

SAHNIG UND AROMATISCH
ZUTATEN FÜR 4 PERSONEN:
½ Kopf Wirsing (ca. 600 g)
Salz
1 kleine Zwiebel
2 EL Butter
200 g Sahne
schwarzer Pfeffer aus der Mühle
frisch geriebene Muskatnuss

SO LANG DAUERT'S: ca. 30 Min.
PRO PORTION:
ca. 225 kcal | 5 g E | 21 g F | 5 g KH

1 Den Wirsing putzen, die Kohlhälfte längs halbieren und den Strunk herausschneiden. Die Blätter ablösen, waschen, trocken schütteln und in feine Streifen schneiden. Wirsing in reichlich Salzwasser ca. 6 Min. kochen, dann abgießen und eiskalt abschrecken, abtropfen lassen. Zwischendurch die Zwiebel schälen und in feine Würfel schneiden.

2 Butter in einem breiten Topf schmelzen. Darin die Zwiebel in 3 Min. glasig dünsten. Wirsing dazugeben und 2 Min. mitdünsten. Sahne dazugießen und in 3 Min. sämig einkochen lassen. Mit Salz, Pfeffer und Muskat abschmecken, servieren. Der Wirsing passt sehr gut zu gekochtem Rindfleisch oder zu Wildgerichten.

SO GEHT'S AA: WIRSCHINGPÜREE

Dafür 800 g Wirsing vom Strunk befreien, grob schneiden und in Salzwasser in ca. 14 Min. weich kochen. Abgießen und abschrecken, gut ausdrücken. Wirsing nach und nach im elektrischen Blitzhacker fein hacken. 1 Zwiebel schälen, fein würfeln und in 1 EL Butter 3 Min. andünsten. 200 g Sahne dazugießen, 2 Min. einkochen lassen. Wirsing unterrühren und bei geringer Hitze 5 Min. köcheln lassen. 1 EL Butter in Flöckchen unter das Püree heben. Mit Salz, Pfeffer und Muskat abschmecken.

Oft werden Gemüsesorten wie Bohnen oder Schwarzwurzeln etwas stiefmütterlich behandelt. Aber: Richtig zubereitet und abgeschmeckt wird so manches Hauptgericht damit regelrecht geadelt.

BOHNENGMIAS MIT BRÖSEL

BSONDERS ZUBEREITET

ZUTATEN FÜR 4 PERSONEN:
500 g grüne Buschbohnen
Salz | 1 kleine Zwiebel
1 trockene Scheibe Toastbrot
4 Stängel glatte Petersilie
4 EL Butter
schwarzer Pfeffer aus der Mühle
frisch geriebene Muskatnuss

SO LANG DAUERT'S: ca. 30 Min.
PRO PORTION: ca. 130 kcal | 3 g E | 9 g F | 9 g KH

1 Die Bohnen waschen und die Enden abknipsen. Die Bohnen in reichlich kochendes Salzwasser geben und in ca. 8 Min. weich garen, dann in ein Sieb abgießen und abtropfen lassen (siehe Tipps, S. 130).

2 Zwiebel schälen und in feine Würfel schneiden. Das Toastbrot grob zerzupfen, in ein hohes Rührgefäß geben und mit einem Pürierstab fein zerkleinern. Die Petersilie abbrausen und trocken schütteln, die Blättchen abzupfen und grob hacken.

3 In einer großen Pfanne 2 EL Butter schmelzen. Die Zwiebel darin in ca. 2 Min. glasig dünsten. Restliche Butter und die Brotbrösel einstreuen und 1 Min. mitdünsten. Bohnen dazugeben und alles weitere 3 Min. dünsten, dabei immer wieder mal umrühren.

4 Die Petersilie unter die Bohnen rühren und mit Salz, Pfeffer und Muskat abschmecken. Das Bohnengmias passt zu gebratenem Lammrücken, Rinderfilet oder Schweinekotelett.

SCHWARZWURZELGMIAS

WINTERLICH UND GUAD

ZUTATEN FÜR 4 PERSONEN:
4 dicke Stangen Schwarzwurzeln (ca. 800 g)
frisch gepresster Saft von 1 Zitrone
1 Pck. Knödelhilfe (5 g) | 2 EL Butter
1 TL Zucker | Salz | 100 ml Gemüsebrühe
100 g Sahne | 4 Stängel glatte Petersilie
schwarzer Pfeffer aus der Mühle
frisch geriebene Muskatnuss

SO LANG DAUERT'S: ca. 30 Min.
PRO PORTION: ca. 150 kcal | 3 g E | 13 g F | 5 g KH

1 Schwarzwurzeln waschen, dabei mit einer Gemüsebürste abreiben, dann schälen (trägt man Einweghandschuhe, kann sich der austretende Milchsaft nicht auf der Haut absetzen). Sofort in eine Schüssel mit Wasser, Zitronensaft und Knödelhilfe legen. Stangen in ½ cm dicke Scheiben schneiden.

2 Butter in einem Topf schmelzen. Darin den Zucker schmelzen und in 1 Min. hell karamellisieren lassen. Schwarzwurzeln unterrühren, leicht salzen und bei geringer Hitze 4 Min. andünsten. Die Gemüsebrühe dazugießen und aufkochen lassen. Schwarzwurzeln abgedeckt in 10–12 Min. weich garen. Sahne dazugießen und in 3 Min. sämig einkochen lassen.

3 Die Petersilie abbrausen, trocken schütteln, grob hacken und unters Gemüse rühren. Mit Salz, Pfeffer und Muskat abschmecken. Das Schwarzwurzelgmias passt zu gebratenem Hirsch- oder Rehrücken.

Die kräftig schmeckenden Knollen haben's in sich: Der Sellerie ist fester Bestandteil beim Suppen- und Saucenansatz, die Roten Beten bestechen durch ihre wunderschöne Farbe. Werden die Roten Beten gekocht, sollte man die Schale nicht verletzen – sonst »bluten« sie aus. Beide Gemüsesorten helfen beim Verdauen von deftigen Speisen.

KOCHTA SELLERIESALAT

EINFACH UND GUAD

ZUTATEN FÜR 4 PERSONEN:

½ Knollensellerie (ca. 850 g)
Salz
1 TL gekörnte Gemüsebrühe
1 kleine Zwiebel
4 EL Branntweinessig
schwarzer Pfeffer aus der Mühle
2 Prisen Zucker
4 EL Pflanzenöl

SO LANG DAUERT'S: ca. 15 Min.
IM TOPF: ca. 30 Min.
DURCHZIEHEN: ca. 1 Std.
PRO PORTION: ca. 130 kcal | 3 g E | 10 g F | 5 g KH

1 Den Sellerie schälen und vierteln. Einen Topf mit Wasser füllen, aufkochen lassen, mit Salz und der Gemüsebrühe kräftig abschmecken. Sellerie in die Brühe geben, aufkochen lassen und abgedeckt bei geringer Hitze in ca. 30 Min. weich garen.

2 Den Sellerie aus dem Sud heben, 200 ml Sud abmessen. Die Sellerieviertel eventuell längs teilen, dann quer in ½ cm dicke Scheiben schneiden, in eine Schüssel geben. Die Zwiebel schälen, in feine Würfel schneiden und über den Sellerie streuen.

3 Sud mit Essig, Salz, Pfeffer und Zucker würzen, zum Schluss das Öl unterrühren. Marinade über die heißen Selleriescheiben gießen, den Salat ca. 1 Std. ziehen lassen, dann abschmecken. Am besten zu Gans (S. 180) oder Ente (S. 184) servieren.

KOCHTA ROTE-RANA-SALAT

FARBENFROH UND GUAD

ZUTATEN FÜR 4 PERSONEN:

6 Rote Rana (Rote Beten, ca. 850 g) | Salz
2 TL Kümmelsamen | 1 Zwiebel
150 ml Gemüsebrühe | 6 EL Apfelessig
1 TL Zucker | schwarzer Pfeffer aus der Mühle
4 EL Pflanzenöl | 1 Msp. frisch geriebener Meerrettich

SO LANG DAUERT'S: ca. 20 Min.
IM TOPF: ca. 1 Std. 30 Min.
DURCHZIEHEN: ca. 20 Min.
PRO PORTION: ca. 170 kcal | 3 g E | 10 g F | 16 g KH

1 Rote Beten waschen, in einen hohen Topf geben, mit reichlich Wasser bedecken, salzen und mit 1 TL Kümmel würzen. Abdecken, aufkochen und die Beten in ca. 1 Std. 30 Min. weich kochen. Dabei nicht einstechen – sonst »bluten« die Knollen aus.

2 Zwiebel schälen und fein würfeln. Die Brühe lauwarm erhitzen und mit Essig, Zucker, Salz, Pfeffer und übrigem Kümmel würzen. Das Öl unterrühren.

3 Beten aus dem Wasser heben, abkühlen lassen und schälen (am besten mit Einweghandschuhen, da die Beten stark färben). Knollen halbieren, in knapp ½ cm dicke Scheiben schneiden, in eine Schüssel geben. Mit Zwiebel und Meerrettich bestreuen und mit der Marinade begießen. Alles gut durchmischen und den Salat ca. 20 Min. ziehen lassen, dann abschmecken. Passt sehr gut zu Gans (S. 180), Ente (S. 184) oder auch einem Schweinsbratn (S. 71).

DIE STAADE ZEIT

Das Kracherte und das Staade, das Laute und die Stille – beides ist ein Teil der bayrischen Kultur. So feiert man unterm Jahr bei kracherter Blasmusik und treibt mit ohrenbetäubendem Lärm bei den Perchtenläufen oder donnernden Böllerschüssen zum neuen Jahr die bösen Geister aus. Ganz im Gegensatz zu der Stille der Adventszeit, die das Ende eines Jahres einläutet. In früherer Zeit kehrte mit dem Winter Ruhe ein im bäuerlichen Lebensrhythmus: Die Ernte war eingebracht und die Felder vorbereitet, Zeit zum Innehalten.

Die staade Zeit beginnt am 11. November mit dem Martinstag und endet am 6. Januar mit der Dreikönigsweihe. In diese Periode fallen in Bayern etliche weihnachtliche Traditionen von den Raunächten über die Einkehrbräuche, Stubenmusi mit Harfen- und Zitherklängen bis hin zum Weihnachtsfest, wenn im Kreise der Familie das Christkind kommt. Und was gibt es im Dezember Gemütlicheres als die warme Stube – ganz gleich ob's draußen stürmt und schneit, ob die nasse Nebelkälte einem in die Zehen kriecht oder ein eisiger Ostwind in Nasen und Ohren beißt.

Je nach Landstrich unterscheiden sich die Rituale während der Adventszeit. So stammen die Umzüge, Lieder- und Bettelgänge in den sogenannten Klöpfelesnächten am Andreasabend aus vorchristlichen Traditionen. Das Anklöpfeln war ein alter Orakelbrauch: Wenn man zur richtigen Stunde an die Stallwände klopfte, hörte man die Tiere die Toten des kommenden Jahres voraussagen. Später veränderte sich die Traditon zum Gabenheischen. Im oberbayrischen Raum zogen nun die Kinder an den letzten drei Donnerstagen vor dem Heiligabend nach Einbruch der Dämmerung von Haus zu Haus, klopften an die Türen, sangen Adventslieder und sprachen Segenswünsche aus. Als Lohn gab es Weihnachtsgebäck, Äpfel und Nüsse.

Eine ganz besondere Nacht der staaden Zeit ist der Abend des 5. Dezembers, wenn sich der Nikolaus und der Krampus um die Häuser treiben. Die guten Kinder werden vom Nikolaus mit süßen Sachen beschenkt, die bösen vom Krampus bestraft.

Viele der alten Sitten und Gebräuche rund um die Raunächte, das sind die langen Nächte an und nach der Wintersonnwende, sind im alpenländischen Raum durchdrungen vom Glauben an Geister, Dämonen und Wunderkräfte. Im Berchtesgadener Land (wie auch in Tirol und in Vorarlberg) ziehen in der letzten dieser Heiligen Nächte, dem 5. Januar, Perchten in furchterregenden Kostümen und mit grausligen Masken durch die Straßen. Mit ihren Glocken machen sie dabei einen Heidenkrach. Und sie setzen ihre Ruten reichlich ein. Das »Kramperltratzn« ist hierbei eine Art Mutprobe für Kinder, die an den Gewändern der Gestalten ziehen oder diese ärgern. Dabei müssen die Kleinen allerdings aufpassen, dass sie nicht von den Ruten erwischt werden. So leiten wundersame Kräfte die Jahreswende und damit den Neuanfang ein.

KLETZENBROT

Seinen Namen hat das Brot von den dunkelbraunen, ganzen, getrockneten Birnen, die Kletzen genannt werden, manchmal auch Hutzeln – wahrscheinlich wegen ihrer runzeligen Oberfläche. Neben diesen Früchten stecken noch viele andere Zutaten in dem saftigen Brot. Alle sollten von 1a-Qualität sein, denn nur dann können sich beste Aromen voll entfalten.

DAUERBRENNER IM ADVENT

ZUTATEN FÜR 5 BROTE (je ca. 650 g):

500 g Mehl
2 Prisen brauner Zucker
2 Prisen Salz
75 g Natursauerteig (Fertigprodukt)
10 g frische Hefe
400 g weiche getrocknete Kletzen
250 g Korinthen | 250 g Sultaninen
2 EL Rum
400 g Backpflaumen (ohne Steine)
250 g getrocknete Feigen
100 g Zitronat | 100 g Orangeat
150 g Haselnüsse
1 Bio-Orange | 1 Bio-Zitrone
3 Prisen gemahlener Anis
2 Prisen gemahlene Nelken
3 Prisen gemahlenes Piment
2 Prisen schwarzer Pfeffer aus der Mühle
Mehl zum Arbeiten

Sonst noch:

Backpapier
5 Backkörbchen (ca. 10 x 18 cm, aus naturbelassenem Pappelholz, siehe auch rechts, Bild Mitte)

SO LANG DAUERT'S: ca. 1 Std. 15 Min.
RUHEN: ca. 13 Std.
IM OFEN: ca. 1 Std.
PRO BROT: ca. 1475 kcal | 25 g E | 23 g F | 281 g KH

1 Das Mehl mit Zucker und Salz in die Schüssel der Küchenmaschine geben, den Sauerteig dazugeben. Die Hefe in 300 ml lauwarmes Wasser bröckeln, mit einem Schneebesen verrühren und dazugießen. Mit dem Knethaken in ca. 5 Min. zu einem glatten Teig schlagen. Den Teig mit etwas Mehl einstäuben, mit Frischhaltefolie abdecken und ca. 12 Std. (am besten über Nacht) im Kühlschrank gehen lassen.

2 Kletzen in eine Schüssel geben, mit lauwarmem Wasser gut bedecken, abdecken. Die Korinthen und Sultaninen in eine zweite Schüssel geben, mit Rum mischen, abdecken. Beides ebenfalls ca. 12 Std. durchziehen und quellen lassen.

3 Am nächsten Tag Backpflaumen und Feigen in kleine Würfel schneiden. Zitronat und Orangeat möglichst fein hacken. Die Haselnüsse in grobe Scheiben schneiden, in eine heiße Pfanne legen und ca. 4 Min. bei mittlerer Hitze rösten. In ein grobes Sieb geben und kurz durchmischen, um alle brüchigen angerösteten Häute abzukratzen. Nüsse aus dem Sieb heben.

4 Die Orange und die Zitrone heiß waschen und abtrocknen, die Schalen fein abreiben. Die Kletzen aus dem Einweichwasser heben und prüfen, ob sie weich sind. Ist das der Fall, ausdrücken und klein würfeln. Falls sie noch hart sind, zurück ins Einweichwasser geben, aufkochen und ca. 5 Min. im Wasser ziehen lassen, kurz abkühlen lassen, dann erst zerkleinern. Vom Einweichwasser ca. 200 ml abmessen.

5 Sämtliche Früchte, die Haselnüsse, alle Gewürze, die Orangen- und die Zitronenschale zu dem Teig in die Schüssel geben, alles kurz verkneten. Dann den Teig auf der leicht bemehlten Arbeitsfläche nochmals mit den Händen gut durchkneten. Den Teig in 5 gleich große Portionen teilen und jeweils zu einem ovalen, möglichst glatten Laib formen.

6 Backkörbchen oder zwei Backbleche mit Backpapier auslegen. Brotlaibe in die Körbchen geben oder mit ausreichend Abstand nebeneinander auf die Bleche legen. Die Oberflächen der Früchtebrote mit ein wenig Einweichwasser bepinseln, abdecken und 1 Std. an einem warmen Ort gehen lassen.

7 Den Backofen auf 175° (möglichst Umluft nehmen, sonst siehe Tipps) vorheizen. Die Backbleche mit den Broten oder die Körbchen auf den Rosten in den Ofen (ein Blech bzw. einen Rost oben, das/den zweite(n) unten) schieben. Die Brote ca. 1 Std. backen, dabei nach 30 Min. und nach 45 Min. mit Einweichwasser einstreichen. Die fertigen Kletzenbrote aus dem Ofen nehmen, auf ein Kuchengitter geben und mehrmals mit Einweichwasser einpinseln. Auskühlen lassen.

8 Kletzenbrote zum Servieren in dünne Scheiben schneiden und auf einer Platte oder einem großen Kuchenteller anrichten. Sehr gut dazu: Mit Butter auf den Tisch stellen, damit sich jeder sein Brot damit bestreichen kann.

GUADE TIPPS

Da die Zubereitung des Kletzenbrotes ein wenig aufwendiger ist, lohnt es sich in jedem Fall, gleich mehrere Brote herzustellen. Zudem halten sie sich in Alufolie eingewickelt über mehrere Wochen im Kühlschrank.

Empfehlenswert ist es, beim Backen Umluft zu verwenden, da man dann alle Brote gleichzeitig in den Ofen schieben kann. Sollten Sie nur Ober- und Unterhitze einstellen können, den Ofen in diesem Fall auf 195° vorheizen und die Brote nacheinander (Mitte) wie beschrieben backen.

LEBKUCHEN

Das aromatische Flachgebäck wird bei uns in Bayern ganz traditionell in der Adventszeit zubereitet – mal mit dunkler Kuvertüre überzogen, mal mit Zuckerguss, mal pur. Und wer mag, setzt noch ein paar Mandelhälften obendrauf oder verziert die Lebkuchen für besondere Anlässe ganz nobel mit Blattgold oder Goldpuder.

OHNE DIE GEHT GAR NIX

ZUTATEN FÜR CA. 16 STÜCK:

Für die Lebkuchen:

2 Eiweiß (M)
1 Prise Salz
150 g Zucker
½ TL Hirschhornsalz (ca. 3 g)
100 g gemahlene, gehäutete Mandeln
50 g gemahlene Haselnüsse
40 g Nussnougat
je 30 g Zitronat und Orangeat
100 g Marzipanrohmasse
1 geh. EL Quittengelee (ca. 25 g)
1 TL Lebkuchengewürz
½ TL Kakaopulver
1 gestr. EL Speisestärke (ca. 10 g)
je ½ Bio-Orange- und -Zitrone
ca. 16 Backoblaten (7 cm Ø)

Für die Garnitur:

400 g Zartbitterkuvertüre (siehe Tipps)
nach Belieben 2 Blätter essbares Blattgold (23,75 Karat) oder Goldpuder (siehe rechts)

Sonst noch:

Backpapier | Souffléform (ca. 7 cm Ø)

SO LANG DAUERT'S: ca. 40 Min.
TROCKNEN: ca. 12 Std.
IM OFEN: ca. 12 Min.
PRO STÜCK: ca. 290 kcal | 4 g E | 16 g F | 32 g KH

1 Eiweiße und Salz in die Schüssel der Küchenmaschine geben (ersatzweise mit Rührschüssel und Handrührgerät arbeiten) und mit den Quirlen in ca. 7 Min. zu einem cremigen Eischnee aufschlagen, dabei nach und nach den Zucker dazurieseln lassen. Hirschhornsalz in einer Tasse mit 1 TL lauwarmem Wasser verrühren und darin auflösen, dann zum Eischnee geben und 2 Min. weiterschlagen.

2 Zwischendurch die Mandeln und Haselnüsse in einer Pfanne ohne Fett goldbraun anrösten, herausnehmen. Das Nougat in kleine Stücke schneiden und in einer Schüssel in einem heißen Wasserbad schmelzen lassen. Zitronat und Orangeat in einem elektrischen Blitzhacker oder mit dem Messer möglichst fein hacken. Marzipan klein zupfen und mit dem Quittengelee glatt verrühren. Lebkuchengewürz, Kakao und Stärke mischen. Zitrone und Orange heiß waschen und abtrocknen, die Schalen fein abreiben.

3 Die Marzipanmasse mit dem Nougat und 2 EL Eischnee verrühren und dann mit allen anderen vorbereiteten Zutaten unter den Eischnee heben. Die Lebkuchenmasse nun nach und nach mit einem Esslöffel in die Mitte der Oblaten setzen (ca. 35 g/ Oblate). Jede Oblate auf die umgedrehte Souffléform legen und mit einer Teigkarte oder einem Messer mit glatter Klinge die Lebkuchenmasse kuppelförmig auf den Oblaten verstreichen (oder mit einer Lebkuchenglocke arbeiten, siehe Tipp). Lebkuchen nebeneinander auf ein großes Holzbrett legen und ca. 12 Std. (am besten über Nacht) trocknen lassen.

4 Am nächsten Tag Backofen auf 175° (Ober- und Unterhitze verwenden, Umluft ist nicht empfehlenswert) vorheizen. Ein Backblech mit Backpapier auslegen und die Lebkuchen mit etwas Abstand nebeneinander darauflegen. Im Ofen (Mitte) ca. 12 Min. backen. Aus dem Ofen nehmen und auf ein Kuchengitter umsetzen, auskühlen lassen.

5 Kuvertüre grob hacken, zwei Drittel davon in eine Metallschüssel geben und über dem heißen Wasserbad schmelzen. Zum richtigen Temperieren nach und nach restliche Kuvertüre einrühren und schmelzen lassen. Zwischendurch immer wieder testen, ob die Kuvertüre weiterverarbeitet werden kann: Entweder die Spitze eines Messers in die Kuvertüre tauchen – sie sollte relativ schnell anziehen und glänzen. Oder mit einem Holzlöffel in die Kuvertüre tauchen und an die Lippen führen – sie sollte sich kalt anfühlen.

6 Dann die Lebkuchen kopfüber in die Kuvertüre tauchen, etwas abtropfen lassen, wieder umdrehen und auf das Kuchengitter setzen. Die Kuvertüre fest werden lassen. Nach Belieben kurz bevor die Kuvertüre vollständig angezogen hat, Lebkuchen mit etwas Blattgold verzieren oder mit Goldpuder bestreuen.

GUADE TIPPS

Besonders einfach lässt sich die Lebkuchenmasse mit einer speziellen Lebkuchenglocke (siehe Bild oben links) auf den Oblaten verteilen. Die Geräte gibt es im Haushaltswarengeschäft.
Ruhig etwas mehr Kuvertüre auflösen, so kann man die Lebkuchen besser darin eintauchen. Restliche Kuvertüre dann abkühlen lassen und je nach Bedarf wieder neu schmelzen. Wer mit dem Temperieren der Kuvertüre unsicher ist, kann eine fertige Kuchenglasur zum Überziehen der Lebkuchen nehmen.
Die Lebkuchen sollten Sie vor dem »Schnabulieren« noch mind. 10 Tage in einer gut verschlossenen Dose durchziehen lassen. Sie werden in dieser Zeit immer besser und saftiger.

GANZ SCHEE GOLDIG

Essbares Blattgold oder Goldpuder kann man am besten übers Internet oder den Künstlerbedarf beziehen. Zum Auftragen von Blattgold wird ein Anschusspinsel verwendet. Diesen Pinsel reibt man ein wenig auf der Haut, um ihn statisch aufzuladen, dann löst man damit vorsichtig ein wenig Gold vom Papier und peppt die Lebkuchen auf (Foto oben).

SIASS WIA IM HIMME

... schmecken die Lieblingsstückerl der Bayern. Ob morgens a Zwickte, nachmittags an Orkanbeutel oder abends noch a scheene Stamperlcreme – ohne wos Siass geht gar nix.

A RUNDA ZWETSCHGENDATSCHI

Beim Datschi streiten sich die Geister, wie er wohl am besten ist: vom Blech oder aus der Springform, mit Mürbeteig oder Hefeteig, mit oder ohne Streusel, zimtig oder ned. Da hat jeder seinen Favoriten. Eins aber ist immer wichtig – die Zwetschgen müssen auch roh schon saftig und aromatisch schmecken.

FRUCHTIG UND SÜSS

ZUTATEN FÜR 1 SPRINGFORM (28 cm Ø, ca. 12 Stück):

Für den Teig:

250 g Mehl | 60 g Puderzucker
125 g weiche Butter | 2 Eigelb (M)
1 Msp. fein abgeriebene Bio-Zitronenschale
1 Schuss Rum | 1 Prise Salz
½ Vanilleschote
Mehl zum Arbeiten | Butter für die Form

Für den Belag:

1 kg Zwetschgen
4 Löffelbiskuits oder Butterkekse (ca. 35 g)
1 EL Zucker | 1 Msp. gemahlener Zimt

SO LANG DAUERT'S: ca. 30 Min.
IM KÜHLSCHRANK: ca. 2 Std.
IM OFEN: ca. 1 Std.
PRO STÜCK: ca. 245 kcal | 4 g E | 11 g F | 32 g KH

1 Für den Teig das Mehl und den Puderzucker auf die Arbeitsfläche sieben, in die Mitte eine Mulde drücken. Die Butter in Flocken mit Eigelben, Zitronenschale, dem Rum und Salz in die Mulde geben. Die Vanilleschote längs aufschlitzen, das Mark herauskratzen und ebenfalls dazugeben. Nun alles zügig von außen nach innen mit den Fingern vermengen bzw. zwischen den Händen zerreiben, bis man zum Schluss einen homogenen Teig kneten kann. Den Teig mit den Händen flach drücken und zu einem Rechteck formen, in Klarsichtfolie einwickeln und mind. 2 Std. kalt stellen.

2 Für den Belag Zwetschgen waschen und trocken tupfen. Zum Entsteinen die Zwetschgen auf einer Seite längs einschneiden, dann an einem der Enden einen kurzen Querschnitt setzen, sodass ein Kreuz entsteht. Zwetschgen am langen Schnitt ganz aufklappen und die Steine entfernen. Löffelbiskuits oder Butterkekse in grobe Stücke brechen, in einen hohen Rührbecher geben, mit einem Pürierstab zu feinen Bröseln zerkleinern. Zucker mit dem Zimt mischen.

3 Den Backofen auf 175° vorheizen, die Springform dünn mit Butter einfetten. Teig auf der bemehlten Arbeitsfläche ca. ½ cm dick ausrollen, dabei immer wieder wenden und mit Mehl einstäuben. Aus der Teigplatte einen Kreis in Größe der Springform ausschneiden und vorsichtig auf den Boden der Form legen. Restlichen Teig wieder zusammenkneten, zu einem langen Band (ca. 4 cm breit) ausrollen, wie eine Schnecke aufrollen und den Rand der Springform damit auslegen, gut festdrücken.

4 Die Brösel gleichmäßig auf dem Teigboden verteilen und dicht mit den Zwetschgen belegen. Man fängt außen an und setzt die Zwetschgen ringsherum möglichst eng aneinander, sodass die Spitzen schön nach oben stehen. Mit dem Zimtzucker bestreuen. Den Zwetschgendatschi im Ofen (Mitte, Umluft 155°) 50–60 Min. backen. Dann den Zwetschendatschi herausnehmen, lauwarm abkühlen lassen und aus der Springform lösen. Am besten sofort mit frisch geschlagener Sahne servieren.

ZWICKTE SCHMALZNUDELN

Ob Auszogne, Striezel, Schmalznudeln, Krapfen oder Kiacherl – sie alle werden mit Hefeteig zubereitet und in heißem Butterschmalz ausgebacken. Unsere Schmalznudeln zwickt man vorher no a bisserl mit na Scher ein – daher auch der lustige Name.

BERLINER AUF BAYRISCH

ZUTATEN FÜR CA. 12 STÜCK:

Für den Teig:

¼ l Milch | 30 g frische Hefe
550 g Mehl | 50 g Zucker
1 Prise Salz | 100 g Butter
2 Eier (M) | 1 Eigelb (M)
100 g Rosinen | 2 EL Rum
Mehl zum Arbeiten
1 kg Butterschmalz zum Ausbacken

Zum Wälzen:

80 g Zucker
1 geh. EL Vanillezucker
(siehe Tipp, S. 135)

SO LANG DAUERT'S: ca. 1 Std.
RUHEN: ca. 1 Std. 45 Min.
PRO STÜCK: ca. 385 kcal | 8 g E | 16 g F | 52 g KH

1 Für den Teig die Milch lauwarm erhitzen. Hefe in eine Tasse bröseln, mit 4 EL Milch, 1 TL Mehl und 2 TL Zucker verrühren. Übriges Mehl in die Schüssel der Küchenmaschine geben (ersatzweise mit Rührschüssel und Handrührgerät arbeiten) und in die Mitte eine Mulde drücken, den Rand ringsherum mit restlichem Zucker und Salz bestreuen. Hefemilch in die Mulde gießen, Vorteig mit einem Tuch abdecken, 15 Min. an einem warmen Ort ruhen lassen.

2 Die Butter in grobe Stücke schneiden, mit Eiern und Eigelb in die restliche Milch geben (nicht verrühren). Die Rosinen mit dem Rum beträufeln.

3 Die Eier-Butter-Milch zu dem Vorteig geben und alles mit dem Knethaken in 5 Min. zu einem glatten Teig verkneten. Den Teig auf einer bemehlten Arbeitsfläche noch kurz mit den Händen durchkneten, dann in die bemehlte Schüssel zurücklegen, abdecken und 45 Min. gehen lassen.

4 Dann die eingeweichten Rosinen zum Teig geben und alles erneut mit dem Knethaken durchkneten. Teig auf der bemehlter Arbeitsfläche zu einem länglichen Strang rollen, in 12 gleich große Stücke teilen, zu glatten Kugeln formen und mit ausreichend Abstand auf ein bemehltes Backblech legen. Die Teigkugeln abdecken und 45 Min. gehen lassen.

5 Butterschmalz in einem großen breiten Topf auf ca. 160° erhitzen. Wenn man einen Holzkochlöffelstiel hineinhält und sofort Bläschen aufsteigen, ist das Schmalz heiß genug. Für das Wälzen in einem tiefen Teller Zucker mit Vanillezucker mischen.

6 Die aufgegangenen Teigkugeln oben mit einer Schere kreuzförmig einschneiden. 4 Stück mit der eingezwickten Seite nach unten ins heiße Fett legen, abdecken und 2 Min. ausbacken. Dann wenden (Vorsicht, es kann spritzen!) und offen in ca. 5 Min. goldbraun frittieren, dabei nochmals umdrehen. Herausheben und kurz auf Küchenpapier abtropfen lassen, noch warm im Vanillezucker wälzen. Übrige Schmalznudeln wie beschrieben zubereiten. Lauwarm abkühlen oder ganz auskühlen lassen und servieren.

APFEKUACHA VOM BLECH

Gerade zum Backen eignen sich Apfelsorten wie Braeburn oder Boskop besonders gut. Diese Äpfel sind hocharomatisch, fein säuerlich und »zerfallen« im Ofen förmlich auf dem Teig. Außerdem eignen sie sich hervorragend als Lageräpfel.

KLASSISCH UND GUAD

ZUTATEN FÜR 1 BACKBLECH (32 x 40 cm, ca. 12 Stück):

Für den Teig:
600 g Mehl
250 g Puderzucker
375 g weiche Butter
2 Eier (M)
1 Prise Salz
1 Vanilleschote
Mehl zum Arbeiten

Für den Belag:
1,5 kg säuerliche Äpfel (z. B. Braeburn)
3 EL brauner Zucker
4 EL Rum (wenn Kinder mitessen, einfach weglassen)
frisch gepresster Saft von ½ Zitrone

Zum Bestreichen:
1 Eigelb (M) | 2 EL Milch

SO LANG DAUERT'S: ca. 35 Min.
IM KÜHLSCHRANK: ca. 2 Std.
IM OFEN: ca. 1 Std.
PRO STÜCK: ca. 585 kcal | 7 g E | 29 g F | 71 g KH

1 Für den Teig das Mehl und den Puderzucker auf die Arbeitsfläche sieben, in die Mitte eine Mulde drücken. Die Butter in Flocken mit den Eiern in die Mulde geben. Die Vanilleschote längs aufschlitzen, Mark herauskratzen und ebenfalls dazugeben. Nun alles zügig von außen nach innen mit den Fingern vermengen bzw. zwischen den Händen zerreiben, bis man zum Schluss einen homogenen Teig kneten kann. Teig mit den Händen flach drücken, halbieren, jeweils zu einem Rechteck formen, in Klarsichtfolie einwickeln und mind. 2 Std. kalt stellen.

2 Für den Belag Äpfel schälen, vierteln, entkernen und in 1½ cm dicke Spalten schneiden. Die Apfelspalten in einer Schüssel mit Zucker, Rum und dem Zitronensaft mischen und kurz ziehen lassen. Zum Bestreichen Eigelb und Milch gut verrühren.

3 Den Backofen auf 175° vorheizen, das Backblech mit Backpapier auslegen. Eine Teighälfte auf einer bemehlten Arbeitsfläche ca. 3 mm dick in Größe des Backblechs ausrollen, dabei immer wieder wenden und mit Mehl einstäuben. Die Teigplatte vorsichtig von der Schmalseite her auf das Nudelholz aufrollen und dann langsam auf dem Blech abrollen. Den Teigboden mit einer Gabel mehrmals einstechen.

4 Die Äpfeln dicht an dicht auf den Teigboden legen. Die zweite Teighälfte ebenfalls wie oben beschrieben ausrollen und die Äpfel damit abdecken. Die Teigränder ringsherum gut andrücken und mit der Gabel nachformen. Den Teigdeckel mehrmals mit der Gabel einstechen und mit dem verrührten Eigelb einpinseln.

5 Blech in den Ofen (Mitte, Umluft 155°) schieben und den Kuchen in ca. 1 Std. goldbraun backen. Den Apfekuacha herausnehmen und lauwarm abkühlen lassen, in große Stücke teilen und servieren.

Oktoberfest

München

KASKUACHA

Käsekuchen ist nicht gleich Käsekuchen! Das Geheimnis liegt in der Zusammensetzung der Zutaten und natürlich in deren Zubereitung – die Masse sollte nach dem Backen luftig und geschmeidig sein und auf keinen Fall am Gaumen »bremsen«.

EINFACH ZUM NEISITZN

ZUTATEN FÜR 1 SPRINGFORM (28 cm Ø, ca. 12 Stück):

Für den Teig:
100 g Mehl | 1 ½ EL Puderzucker (ca. 30 g)
50 g weiche Butter | 1 Eigelb (M)
1 Msp. fein abgeriebene Bio-Zitronenschale
1 Prise Salz
Mehl zum Arbeiten | Butter für die Form

Für den Belag:
750 g Magerquark
3 Eier (M) | 3 Eigelb (M)
200 ml Milch | 1 Prise Salz
fein abgeriebene Schale und 2 EL frisch gepresster Saft von ½ Bio-Zitrone
Mark von ½ Vanilleschote
150 g Zucker | 90 g Speisestärke
50 g Butter | 200 g Sahne
Puderzucker zum Bestäuben

SO LANG DAUERT'S: ca. 35 Min.
IM KÜHLSCHRANK: ca. 1 Std.
IM OFEN: ca. 1 Std. 30 Min.
PRO STÜCK: ca. 340 kcal | 13 g E | 17 g F | 33 g KH

1 Für den Teig das Mehl und den Puderzucker auf die Arbeitsfläche sieben, in die Mitte eine Mulde drücken. Butter in Flocken mit Eigelb, Zitronenschale und Salz in die Mulde geben. Nun alles zügig mit den Fingern vermengen bzw. zwischen den Händen zerreiben, bis man zum Schluss einen homogenen Teig kneten kann. Den Teig flach drücken, in Klarsichtfolie einwickeln und mind. 1 Std. kalt stellen.

2 Den Backofen auf 180° (Ober- und Unterhitze verwenden, Umluft ist nicht empfehlenswert) vorheizen, ein Backblech mit Backpapier auslegen. Den Teig auf einer bemehlten Arbeitsfläche rund 2–3 mm dick rausrollen, dabei immer wieder wenden und mit Mehl einstäuben. Springform auf die Teigplatte stellen und mit einem Messer ringsherum schneiden, abfallenden Teig zur Seite legen. Den Teigkreis auf das Backblech legen und im Ofen (Mitte) in ca. 10 Min. goldbraun backen, herausnehmen und auskühlen lassen.

3 Inzwischen für den Belag den Quark mit Eiern, Eigelben, Milch, Salz, Zitronenschale und -saft sowie Vanillemark mit einem Schneebesen verrühren. 140 g Zucker und Stärke miteinander vermischen und nach und nach unter die Quarkmasse rühren. Die Butter schmelzen und ebenfalls langsam unter die Masse rühren. Die Sahne steif schlagen und unterheben.

4 Den Springformboden und -rand getrennt dünn mit Butter einfetten. Gebackenen Mürbeteigboden auf den Boden der Form legen, den Formrand auf den Formboden setzen und festziehen. Die Spalte zwischen Teigboden und Formrand mit den rohen Teigresten zustreichen. Die Quarkmasse einfüllen, Oberfläche mit übrigem Zucker bestreuen.

5 Ofentemperatur auf 175° schalten. Kuchen im Ofen (Mitte) in ca. 1 Std. 30 Min. goldbraun backen, dabei nach ca. 35 Min. mit einem Messer den Rand lösen. Wird die Oberfläche zu dunkel, mit Alufolie abdecken. Kuchen aus dem Ofen nehmen, auskühlen lassen, mit Puderzucker bestäuben und aus der Form lösen.

MARMORGUGLHUPF

Auf die schöne Marmorierung im Gugelhupf kommt es an. Nur so hat man die perfekte Mischung aus hellem und dunklem Teig in jedem Stück.

SCHWARZ-WEISS STATT WEISS-BLAU

ZUTATEN FÜR 1 GUGELHUPFFORM (24 cm Ø und ca. 1,5 l Inhalt, ca. 12 Stück):

100 g Zartbitterkuvertüre
1 TL Sonnenblumenöl
150 g Mehl
150 g Speisestärke
1 TL Backpulver
250 g Puderzucker
200 g weiche Butter
1 Prise Salz
Mark von 1 Vanilleschote
fein abgeriebene Schale von ½ Bio-Zitrone
6 zimmerwarme Eier (M)
Puderzucker zum Bestäuben
Butter und Mehl für die Form

SO LANG DAUERT'S: ca. 35 Min.
IM OFEN: ca. 1 Std.
PRO STÜCK: ca. 395 kcal | 6 g E | 21 g F | 45 g KH

1 Die Zartbitterkuvertüre fein hacken, in eine Metallschüssel geben und über einem heißen Wasserbad schmelzen. Das Öl unterrühen und die Kuvertüre lauwarm abkühlen lassen.

2 Den Backofen auf 175° vorheizen. Die Gugelhupfform dünn, aber gründlich mit Butter einfetten und gleichmäßig mit Mehl einstäuben, überschüssiges Mehl herausklopfen. Das Mehl mit der Stärke und dem Backpulver mischen.

3 Den Puderzucker mit der Butter und dem Salz in die Schüssel der Küchenmaschine geben (ersatzweise mit Rührschüssel und Handrührgerät arbeiten), mit den Quirlen in 5 Min. hell und cremig schlagen. Vanillemark, Zitronenschale und 1 Ei dazugeben und gut unterrühren. Dann die Creme weitere 6–7 Min. schlagen, dabei nach und nach die restlichen Eier dazugeben. Zum Schluss die Mehlmischung bei geringer Laufleistung langsam unterrühren.

4 Von dem Teig ca. 300 g abnehmen und in eine zweite Schüssel geben, lauwarme Kuvertüre unterrühren. Ein Drittel des hellen Teigs in die Gugelhupfform füllen, die Hälfte des Schokoteigs darauf verteilen. Das zweite Drittel des hellen Teigs einfüllen, darauf den restlichen Schokoteig verteilen, mit dem übrigen hellen Teig abschließen. Eine Fleischgabel in den Teig stecken und diese vorsichtig von unten nach oben in einer kreisförmigen Bewegung durch den ganzen Teig ziehen. Den Vorgang noch einmal wiederholen und so die schöne Marmorierung in den Teig »formen«.

5 Guglhupf im Ofen (Mitte, Umluft 155°) ca. 1 Std. backen. Falls die Oberfläche zu dunkel werden sollte, einfach mit Alufolie abdecken. Der Kuchen ist fertig, wenn beim Hineinstechen mit einem dünnen Holzstab keine Teigreste daran haften bleiben. Kuchen dann aus dem Ofen holen, 10 Min. abkühlen lassen, auf ein Kuchengitter stürzen und noch warm dick mit Puderzucker bestäuben. Den Kuchen vollständig auskühlen lassen, in Stücke teilen und servieren.

ORKANBEUTL MIT KIRSCHEN UND FUI SAHNE

Da die Bayern gern a wengerl übertreiben und a ordentliche Portion aufm Teller haben wollen, tut es ein simpler Windbeutel nicht – es muss schon ein Orkanbeutl sein.

SIASS WIA IM HIMME

ZUTATEN FÜR CA. 4 STÜCK:

Für den Teig:

70 g Mehl | 1 Msp. Backpulver
120 ml Milch | 1½ EL Butter (ca. 30 g)
1 Msp. Salz | 2 Eier (M)

Für die Füllung:

1 Glas Schattenmorellen (Inhalt 680 g)
½ Vanilleschote | 2 EL brauner Zucker
2 Stück Bio-Orangenschale (je ca. 5 cm)
1 Msp. gemahlener Zimt | 3 TL Speisestärke
1 EL Kirschwasser | 600 g Sahne
2 TL Vanillezucker (siehe Tipp, S. 135)

Sonst noch:

Puderzucker zum Bestäuben
Spritzbeutel mit Sterntülle (ca. 13 mm Ø)

SO LANG DAUERT'S: ca. 45 Min.
IM OFEN: ca. 20 Min.
PRO PORTION: ca. 745 kcal | 10 g E | 58 g F | 42 g KH

1 Den Backofen auf 220° (Umluft 200°) vorheizen, ein Backblech mit Backpapier auslegen. Für den Teig Mehl und Backpulver mischen. Milch, Butter und Salz in einem Topf aufkochen. Das Mehl dazugeben und mit einem Kochlöffel unterrühren. So lange rühren, bis sich der Teig vom Topfrand löst, einen Kloß bildet und am Topfboden eine weiße Schicht entsteht.

2 Teig in eine Schüssel geben und kurz abkühlen lassen. Dann die Eier nacheinander mit den Quirlen des Handrührgerätes unterrühren, bis ein glänzender und geschmeidiger Brandteig entstanden ist. In den Spritzbeutel mit Sterntülle füllen.

3 Den Brandteig in 4 flachen Rosetten (ca. 7 cm Ø) auf das Blech spritzen, dabei dazwischen reichlich Abstand lassen. Blech in den Ofen (Mitte) schieben, 1 ordentlichen Schuss Wasser auf den Boden des Ofens gießen und die Ofentüre sofort verschließen. Die Orkanbeutl in 18–20 Min. goldbraun backen. Spritzbeutel und Tülle sofort säubern, zum Trocknen aufstellen. Die fertigen Orkanbeutl aus dem Ofen nehmen, auf einem Kuchengitter auskühlen lassen.

4 In der Zwischenzeit für die Füllung die Kirschen in einem Sieb abtropfen lassen, Saft auffangen. Vanilleschote der Länge aufschlitzen und das Mark herauskratzen. Den Zucker in einem Topf bei mittlerer Hitze schmelzen und in 3 Min. hell karamellisieren lassen. Mit Kirschsaft ablöschen, aufkochen. Vanilleschote samt Mark, Orangenschalen und Zimt dazugeben, alles 5 Min. kochen lassen. Stärke mit 2–3 EL kaltem Wasser verrühren, zum Saft geben und unter Rühren 3 Min. kochen lassen. Zum Schluss das Kirschwasser und die Kirschen untermischen, den Topf vom Herd ziehen und die Kirschen auskühlen lassen.

5 Die Orkanbeutl quer halbieren, Kirschen auf den unteren Hälften verteilen. Die Sahne mit dem Vanillezucker steif schlagen und in den Spritzbeutel füllen. Sahne als Riesen-Rosetten auf die Kirschen spritzen, die Orkanbeutldeckel darauflegen. Mit reichlich Puderzucker bestäuben und servieren.

GUADA TIPP

Durchs Wasser auf dem Ofenboden entsteht Dampf im Backraum, der den Teig schön aufgehen lässt. Während des Backens also den Ofen nicht öffnen!

DA SIASSE BAYER!

Bei der bayrischen Küche fallen einem zuerst mal deftige Schmankerl wie Weißwürste und Brezen, Schweinsbraten mit Knödeln oder eine frisch geräucherte Renke zu einem kühlen Hellen ein. Begründet durch die familiären Verbandelungen der bayrischen Wittelsbacher und der österreichischen Habsburger gibt es zudem eine Vielzahl an vorzüglichen süßen Mehlspeisen, Desserts und Gebäck.

Durch die Milchwirtschaft auf dem Berg und im Tal war auf den Höfen immer genug Milch für Schmalznudeln da, Zwetschgendatschi oder goldbraun ausgebackene, zuckrige Auszogne – eine beliebte Spezialität, die die Bäuerinnen hauptsächlich in der Erntezeit und zu hohen Festtagen wie die Kirchweih zubereiteten. Daneben gab's zu bestimmten Feier- und Gedenktagen auch Form-, Brauchtums- und Kultgebäcke, wie der Allerseelenzopf, das Osterlamm oder die Lebkuchen. Heute schmecken duftende Hefezöpfe mit ein wenig Butter und selbst gemachter Marmelade zum Frühstück oder zum Nachmittagskaffee. Einige der Mehlspeisen eignen sich auch als süße Hauptgerichte. Im katholischen Bayern kamen Apfel- oder Hollerkiacherl gerne am Freitag auf den Tisch, wenn Fleischfasten angesagt war.

FÜR HINTNACH A SCHNAPSERL

Nicht nur nach einem üppigen Mahl werden aromatische Obstbrände aus Altbayern unter Kennern besonders geschätzt. Die Grundlage für diese Obstler boten seit jeher Streuobstwiesen mit weitläufig gepflanzten Schlehen-, Apfel-, Kirsch-, Zwetschgen- oder Mirabellenbäumen. Dieser bei zahlreichen Kleinbauern seit Generationen betriebene Obstbau war und ist typisch für die hügeligen Voralpen. Grundsätzlich konzentrierte sich der Bauer zwar auf die Milchwirtschaft, aber mehr oder weniger als Nebenerwerb betreute er auch den Obstbau auf den ansonsten schwierig zu bewirtschaftenden Hanglagen. Aufgrund ihrer außergewöhnlichen Robustheit haben sich in den Streuobstwiesen viele alte Obstsorten mit den für sie typischen intensiven Aromen erhalten. Diese Aromen sowie die Wahl der Obstsorten prägen den Charakter eines Obstlers, der nach einem deftigen Essen das Herz erwärmt, vor allem aber den Magen beruhigt.

Der klassische Obstler wird aus Äpfeln und Birnen gebrannt und ist einer der beliebtesten Obstbrände. Der Birnenbrand, auch unter »Willi« bekannt, gehört zu den aromaintensivsten Bränden. Eine echte Spezialität sind die regional typischen Schnapsbirnen von oft über hundert Jahre alten Birnbäumen. Zwetschgenbrände haben ebenfalls einen ausgeprägten Eigengeschmack. Manche Brenner lassen ihre Zwetschgen bis in den späten Herbst hinein am Baum nachreifen, bis die Früchte schon schrumpelig werden, wodurch es zu einer Art »Trockenbeerenauslese« kommt. Die Kirschen für den Kirschbrand haben es im regenreichen Voralpenland nicht so leicht. Und doch ist der »Kirsch« der Stolz eines jeden Brenners. Weitere Brände aus Mirabellen, Renekloden, Quitten, Vogelbeeren (von der Eberesche), Schlehen, Kornelkirschen und Holunderbeeren runden das Angebot der altbayrischen Brenner hervorragend ab.

APFEKIACHERL MIT VANILLESOSS

Apfekiacherl werden traditionell in Bierteig ausgebacken, was wir hier natürlich gleich machen. Danach sollten sie schön »aufgeblasen« und knusprig sein – und keinesfalls zu lange stehen. Daher am besten sofort reinbeißen.

OHNE WORTE … HMMM!

ZUTATEN FÜR 4–6 PERSONEN (ca. 20 Stück):

Für die Sauce:
1 Vanilleschote | ½ l Milch
5 Eigelb (M) | 2 geh. EL Zucker (ca. 40 g)
1 Prise gemahlener Zimt

Für den Zimtzucker:
100 g Zucker | 1 TL gemahlener Zimt
½ TL Vanillezucker (siehe Tipp, S. 135)

Für die Kiacherl:
2 EL Butter | 2 Eier (M)
150 ml Bier (Helles)
140 g Mehl | 1 geh. Msp. Backpulver
1 Prise Salz | 1 TL Zucker
4 große säuerliche Äpfel (z. B. Elstar)
frisch gepresster Saft von ½ Zitrone
500 g Frittierfett

Sonst noch: Kerngehäuseausstecher

SO LANG DAUERT'S: ca. 45 Min.
IM OFEN: ca. 20 Min.
PRO STÜCK: ca. 170 kcal | 3 g E | 10 g F | 16 g KH

1 Für die Sauce Vanilleschote längs aufschlitzen und das Mark herauskratzen. Beides mit der Milch in einem Topf erhitzen. Eigelbe mit Zucker und Zimt in einer Metallschüssel (mit rund gewölbtem Boden) verquirlen, die Vanillemilch langsam durch ein Sieb dazugießen. Milch über einem heißen Wasserbad unter Rühren in ca. 10 Min. langsam zu einer dickcremigen Sauce erhitzen. Die Schüssel in Eiswasser stellen und die Sauce unter Rühren abkühlen lassen.

2 Für den Zimtzucker alle Zutaten in einem tiefen Teller miteinander vermischen und beiseitestellen. Das Frittierfett in einem kleinen hohen Topf erhitzen (160–170°, an einem eingetauchten Holzkochlöffelstiel müssen sofort kleine Bläschen entstehen).

3 Für die Kiacherl die Butter schmelzen. Die Eier trennen. Die Eigelbe mit einem Schneebesen etwas anschlagen. Bier, Mehl und Backpulver dazugeben und alles glatt verrühren, zum Schluss die Butter dazulaufen lassen. Eiweiße mit Salz und Zucker steif schlagen und vorsichtig unter den Bierteig heben.

4 Die Äpfel schälen, mit einem Kernausstecher das Kerngehäuse entfernen und jeden Apfel in 1 cm dicke Scheiben schneiden. Apfelringe mit Zitronensaft beträufeln. 4 Apfelringe vollständig in den Teig tauchen, mit einer Fleischgabel herausheben und dabei etwas Teig abstreifen. Die Apfelringe ins heiße Fett geben, 2–3 Min. ausbacken, wenden (siehe Tipps) und dann in weiteren 2 Min. goldbraun frittieren. Kiacherl mit einem Schaumlöffel aus dem Fett heben, kurz auf Küchenpapier abtropfen lassen und im Zimtzucker wenden. Restliche Apfelscheiben ebenfalls auf diese Weise zubereiten. Mit der Vanillesauce servieren.

GUADE TIPPS

Sobald man während des Frittierens bei den Apfekiacherl rundherum einen goldbraunen Rand sieht, sind sie bereit zum Wenden.
Bei größeren Mengen kann man die Kiacherl auch für kurze Zeit im 120° heißen Backofen warm halten. Aber nicht zu lange – sonst fallen sie zusammen.

STAMPERLCREME MIT HIMBEEREN

A Schnapserl für hintnach geht allerwei. Das braucht es aber nicht, wenn diese feine Creme kredenzt wird – denn die hat's selbst in sich. Das Dessert ist also nur was für die Großen. Prost!

HOCHPROZENTIGES SÜSS VERPACKT

ZUTATEN FÜR 4 PERSONEN:

Für die Creme:
1 Stück Zartbitterkuvertüre (ca. 30 g)
200 g weiße Kuvertüre
2 Blatt weiße Gelatine
200 g frische Himbeeren
2 Eier (M) | 1 TL Zucker
300 g Sahne
3 cl Himbeergeist
einige helle oder dunkle Schokoladenspäne (nach Belieben)

Für die Sauce:
300 g TK-Himbeeren
1 Spritzer frisch gepresster Zitronensaft
1 EL Puderzucker
1 TL Himbeergeist (nach Belieben)

Sonst noch: feiner Küchenpinsel

SO LANG DAUERT'S: ca. 50 Min.
IM KÜHLSCHRANK: ca. 4 Std.
PRO PORTION: ca. 670 kcal | 11 g E | 49 g F | 42 g KH

1 Die Zarbitterkuvertüre fein hacken, in eine Metallschüssel geben und über einem heißen Wasserbad schmelzen. Pinsel in die Kuvertüre tauchen und die Innenseite von 4 hohen Gläsern damit »bemalen«.

2 Weiße Kuvertüre ebenfalls fein hacken und zwei Drittel davon überm heißen Wasserbad schmelzen. Vom Herd nehmen und die restliche gehackte Kuvertüre unterrühren, abkühlen lassen. Die Gelatine in kaltes Wasser legen, sie sollte vollständig damit bedeckt sein, und 5–10 Min. einweichen.

3 Die frischen Himbeeren verlesen und 12 Stück beiseitelegen, die restlichen Himbeeren halbieren. Die Eier trennen. Die Eiweiße und den Zucker mit den Quirlen des Handrührgerätes steif schlagen. Die Sahne nicht zu steif schlagen. Eigelbe in 2–3 Min. cremig aufschlagen, die handwarme Kuvertüre unterrühren. Ein Drittel des Eischnees unterrühren, etwas Sahne dazugeben und mit einem Teigspatel untermischen. Restlichen Eischnee und wieder etwas Sahne mit einem Teigschaber unterheben.

4 Gelatine leicht ausdrücken und in einem kleinen Topf bei mittlerer Hitze auflösen, 2 EL Sahne unterrühren. Die angerührte Gelatine unter die restliche Sahne mischen. Diese dann vorsichtig unter die Schokoladencreme heben, zum Schluss noch den Himbeergeist untermischen und die halbierten Himbeeren unterheben. Die Creme in die vorbereiteten Gläser füllen, mit Klarsichtfolie abdecken und für mind. 4 Std. (noch besser über Nacht) kalt stellen.

5 Für die Sauce die Himbeeren auftauen lassen. Dann mit Zitronensaft und Puderzucker in einen hohen Rührbecher geben und mit einem Pürierstab fein zerkleinern. Nach Belieben noch den Himbeergeist unterrühren. Das Fruchtpüree durch ein feines Sieb streichen und so die Kernchen entfernen.

6 Die Gläser aus dem Kühlschrank nehmen und die Creme mit den beiseitegelegten Himbeeren und eventuell den Schokospänen dekorieren. Mit der Himbeersauce servieren.

BAIRISCH-DOLMETSCHER

Zum Schmunzeln und fürs bessere Verständnis ist nachfolgend aus dem bairischen Wortschatz ein Sammelsurium häufig verwendeter Begriffe von A bis Z aufgeführt sowie Ausdrücke und Redewendungen nach Themen sortiert. Aus Platzgründen konnten leider nicht alle regionalen Dialektvarianten berücksichtig werden.

A

a	ein, eine
aa	auch
abgrescht	goldbraun-knusprig gebraten
Antn, Bauernantn	Ente, Bauernente
Apfekiacherl	in Bierteig gehüllte, ausgebackene Apfelscheiben
Apfekuacha	Apfelkuchen
Arme Ritter	Süßspeise aus altbackenen Brötchen
aufbrezlt	herausgeputzt, schön gemacht
aufgschmoizn	mit viel flüssiger Butter verfeinert
Auszogne	Schmalzgebäck aus Hefeteig

B

bärig	toll, super
Bauchstecherl	Schupfnudeln
Bia	Bier
bisserl/bissal	ein bisschen
Bittsche(n)!	Bitte schön!
Blaukraut	Rotkohl
boarisch	bayrisch
Briah, Rindsbriah	Brühe, Rinderbrühe
Brät	fein gekuttertes Fleisch
Braterlfett	Bratenfett
Bredl	Holzbrett für die Brotzeit
Brennsuppn	Suppe aus Mehlschwitze gekocht, Arme-Leute-Essen
Brezn	Breze(n), Brezel(n)
Brotzeitkörberl	Brotzeitkorb
Bua, Buam	Junge, Jungen
busseln	küssen

D

dahoam	daheim/zu Hause
Danksche(n)!	Danke schön!
danzn	tanzen
deftig	geschmackvoll, kalorienreich
derb	derbe
Dirndl	Mädchen, auch: die bayrische Tracht für Frauen
dringa	trinken
Dschuidigung!	Entschuldigung!

E/F

Einbrenne	Mehlschwitze
Erdäpfe(l)	Kartoffeln
essn	essen
fad	geschmacklos, langweilig
fei	nicht eindeutig übersetzbares, verstärkendes Füllwort
fieseln	mit den Fingern oder Zähnen Fleisch von den Knochen lösen und essen
Fleischpflanzerl	Bulette(n), Fleischküchlein
fluacha	fluchen – ja das tut er gern, der Bayer!
freile	sicherlich
fei scho	auf jeden Fall
foin	fehlen
frein	freuen
fuchsn	ärgern

G

Gamsbart	bayrischer Hutschmuck aus Gamsbock-Rückenhaaren
Ganserl	Gans
Gaudi	Spaß
Gelbe Ruam	Möhre
Gesinde(l)	Leute, früher: Bedienstete
Gfoin, gfoin	Gefallen, gefallen
Gfui	Gefühl
Gmias	Gemüse
a gmischter Salod	ein gemischter Salat
Grachal	Limonade
Grantler, granteln	Mensch mit mürrischer Grundstimmung, mürrisch sein
Griebenschmalz/ Grammeschmoiz	Schweinefettaufstrich mit Gewürzen und Zwiebeln
Grießnockerl	Klöße/Nocken aus einer Grießmasse mit Eiern und Butter
Gröstl	deftiges Pfannengericht mit Fleisch und Kartoffeln vom Vortag
Gschaftlhuawa	Besserwisser
gscheid	gut, auch: schlau
Gschia	Geschirr
gschläggad/hoaklig	beim Essen wählerisch sein
gschmackig	geschmackvoll, gut
gschmorts Rehschäuferl	geschmorte Rehschulter
guad	gut, auch: lecker
Guadl	Bonbon
Guglhupf	runder Napfkuchen

H

a Haferl Kaffee	eine große Tasse Kaffee
mit de Händ essn	mit den Händen essen
hantig	bitter, herb
Haxn, Schweinshaxn	Eisbein (in Bayern allerdings immer gebraten, nicht gekocht)
Hendl/Giggal	gebratenes Hähnchen
Himme	Himmel
hinterfotzig	hinterhältig, hinterlistig
hoaß	heiß

hoibad	halb
a Hoibe	eine halbe Maß Bier (½ Liter)
Hollerkiacherl	Schmalzgebäck mit Holunderblüten
Huad	Hut

I/J

irgendwia	irgendwie
jodeln	spezielle alpenländische Gesangstechnik

K

Kartoffelbrei	Kartoffelpüree
Kas	Käse
Kaskuacha	Käsekuchen
kerndlgfuadat	mit Getreide/Körnern gefüttert
Kini	König
Kletzen	getrocknete Birnen
kloa, kloagschnittn	klein, kleingeschnitten
d'Kloana	die Kleinen
Knödel	Klöße
kocha, kochta	kochen, gekochter
krachert	laut, auch: ausgeflippt
Krachertes und Trara	Ausgefallenes
Kramperltrazn	Kinder ziehen als Mutprobe an den Gewändern der Krampusse

Krampus	Begleiter des Nikolaus, der mit seiner Rute unartige Kinder bestraft
Kraut, Krautwickerl	Kohl, Kohlrroulade(n)
Krusterl	Kruste, z. B. beim Schweinebraten oder bei Dampfnudeln
Kuacha	Kuchen
Kuchl/Kich	Küche

L

lätschad	völlig geschmacklos, nicht knusprig
Latzerl	Lätzchen zum Schutz der Kleidung
Ledahosn	Lederhose, die bayrische Tracht für Männer
Leberknödelsuppn	Leberknödelsuppe
Leberkassemmi	Brötchen mit Fleischkäse
Lendn	Lende
an Lidda	ein Liter
Lingerl	Lunge
Loab, Loabal	ein Laib Brot, kleine Brotlaibe

M/N

Madl	Mädchen
Mannsbuid	Mann
Marmelad	Konfitüre
a Maß Bier	1 Liter Bier im Krug
Milli	Milch
Moizbier	Malzbier
nix	nichts
Noagal	letzter Rest im Maßkrug oder Glas
Noagalzuzla	einer, der die Reste trinkt

O

Obazda	Käseaufstrich mit Zwiebeln und Gewürzen
Obstler	Obstschnaps
Ochsenbackerl	Ochsenbäckchen
oid	alt
ois	alles
Ois klar?	Alles in Ordnung?
okemma	ankommen
Orkanbeutel	große(r) Windbeutel

P

Peterl	Petersilie
Pfandl	Pfanne
Pfannakuacha	Pfannkuchen/Eierkuchen
Pfennigmuckerl	Bezeichnung für eine Brötchenart
Pflanzerl	Bulette(n), Fleischküchlein
Preißn	so bezeichnet der Bayer alle Deutschen, die oberhalb der Donau geboren und dort beheimatet sind
Presssack	Kochwurst aus Schweinefleisch und Schweineschwarten

R

Radi	Rettich
Radieserl	Radieschen
Radla, Ruß	Getränk aus halb Zitronenlimonade und halb hellem Bier bzw. Weißbier

Rana	Rote Bete
rass	würzig-scharf, z. B. beim Käse
ratschn	sich unterhalten
Reherl	Pfifferlinge
Reiberdatschi	Kartoffelpuffer/Rösti
resch	knusprig
Resterlessa	derjenige, der die Reste (vom Vortag) aufisst
riacha	riechen
Rindsbriah	Rinderbrühe
Rucksackl	Rucksack

S/T

Saftl, Natursaftl	Saft, Bratensaft
Salod	Salat
samma, guad samma	sind wir, gut sind wir
sauguad	sehr gut/lecker
Schariwari	silberne Kette mit diversen Anhängern, als Schmuck für Lederhose und Dirndl
schee	schön
Schea	Schere
Schmaizla	Schnupftabak
Schmankerl	Köstlichkeit, Delikatesse, Nachspeise
Schmarrn	süße Mehlspeise aus dickem Pfannkuchenteig, deftig mit Kartoffeln oder Knödeln; auch: Unsinn/Quatsch
schmegga	schmecken
a Schnitt	ein knapp halb gefülltes Glas Bier, letztes Bier vorm Heimgehen
Schwammerl, Schwammerl suacha	Pilze, Pilze suchen
Schwanzl	Schwanz
Semmeln	Brötchen
siass/siaß	süß
song	sagen
Soss/Soß	Sauce
Spatzn	Spätzle
Spofaki	Spanferkel
staad	leise
Stamperl	Schnapsglas (2 cl)
Steckerlfisch	am Spieß/Stecken gegrillter Fisch
Steckruam	Steckrübe
Sterz	einfaches Gericht aus Getreidebrei oder Kartoffeln
Strammer Max	geröstetes Brot, belegt mit Spiegelei und Schinken
Stubn	Stube/Wohnzimmer
Sulz, Tellersulz, Bratensulz	Sülze, Tellersülze, Bratensülze
Suppn	Suppe
Suri	Schwips
tratzn	ärgern

W

Wadel	Waden
Wammerl	Bauchspeck vom Schwein
a wengal	ein wenig
Weißwurscht zuzln	bayrische Methode eine Weißwurst zu essen/»auszusaugen«
Wirsching	Wirsing
Woibbadinga	bayrisches Fabelwesen
Woid	Wald
Wos?	Was?
Wuid	Wild
Wurschtsalod	Wurstscheiben mit Essig-Öl-Dressing, Wurstsalat
Wurschtradel	Wurstscheibe(n)

Z

zach	zäh
zamgfoin	zusammengefallen, z. B. Bierschaum; auch: hingefallen
zamrutschn	auf der Bierbank dicht zusammenrücken
Zuagroaste	zugezogene Nicht-Bayern
Zwetschgendatschi	Pflaumenkuchen (meist vom Blech)
zwicken	kneifen
Zwickte	in Butterschmalz frittiertes Hefeteiggebäck, das oben mit der Schere noch etwas eingezwickt wird
Zwiefe/Zwiebe	Zwiebel

IM WIRTSHAUS

Hock di hera, dann samma mera!	Setz dich her, dann sind wir mehr! Setz dich gerne zu uns.
Hobt's an Durscht?	Haben Sie/Ihr Durst?
Hobt's an Hunga?	Haben Sie/Ihr Hunger?
Wos derfs sei? Wos griangs'n?	Was möchten Sie bestellen?
Megt's wos Z'dringa und wos Z'essen?	Möchten Sie etwas trinken und essen?
Wos gibt'sn heid Middog?	Was gibt es heute Mittag zu essen?
I mechad aa a Bia.	Für mich (bitte) auch ein Bier.
I griag no oane.	Noch eine Maß Bier, bitte.
Oane gäd awei no!	Eine Maß trinke ich noch!
Ozapft is!	Das Bierfaß ist angezapft und das Bier läuft in Strömen.
a frisch zapfte Maß	eine Maß Bier, die frisch aus dem Fass kommt
Oans, zwoa, gsuffa!	Eins, zwei, trinken! Trinkspruch der Bayern
Prost mitanand!	Zum Wohl! Prosit zusammen!
Prost, dass d'Gurgl net verrost!	Zum Wohl! Damit die Kehle nicht austrocknet/»rostet«.
An Guadn!	Guten Appetit!
an Giggalhaxn obfiesln	eine Hähnchenkeule mit den Fingern essen
Einfach zum Neisitzn!	es schmeckt so gut, dass man man sich reinsetzen könnte
fui ist ned dro	viel ist nicht dran (z. B. an der Hähnchenkeule)
Vui hods ned gem.	Es gab nicht viel zu essen. (Hungrig vom Tisch gehen)
I kon nimma.	Ich kann nicht mehr. Ich bin satt.

AUS DEM ALLTAG

Äha!	passt für fast alles, auch als Entschuldigung
Ja mei!	Das ist halt nun mal so! Passt für alles, auch als Entschuldigung.
Gäh weida!	Erzähl mir doch nichts!
Do legst di nieder!	Kaum zu glauben!
Griaß God!	Grüß Gott!/Guten Tag!
Griaß eich mitnand!	Guten Tag!
Pfia God!	Auf Wiedersehen!
Servus!	Hallo!/Tschüss!
An scheena Dog no!	Ich wünsche Ihnen noch einen schönen Tag!
I mog di!	Ich mag dich!
I mog mei Ruah!/ Mei Ruah wui i ham!	Ich möchte meine Ruhe haben!
Des is scho so a Hund!	Der/die/das ist aber ein schlaues Bürschchen!
Des daugt ma.	Das gefällt/schmeckt mir.
Des is mia wurscht!	Das ist mir egal!
I bin do ned auf da Brennsuppn daher-gschwumma!	Ich bin doch nicht blöd!
Des is ghupft wia gschprunga.	Es bleibt sich gleich.
Des kon se seng lossn.	Das kann sich sehen lassen.
Do host di aba schwer deischt.	Da hast du dich aber sehr getäuscht!

AUCH NOCH INTERESSANT

die staade Zeit	Adventszeit
gsunde Viecher	gesunde Tiere
a laare Hosn	Schwächling, Weichei
aus nix wos macha	aus wenig das Beste heraus-holen
de guade oide Zeit	die gute alte Zeit
Des derf ned foin.	Das darf auf keinen Fall fehlen.
Des duad eahm gar nix.	Das macht ihm gar nichts aus.
Des is a gmahde Wiesn.	Es ist alles o.k./bestens/er-ledigt. Es läuft gut. Auch bei der Partnerwahl einsetzbar.
Do kon koana na sogn.	Dem kann keiner wider-stehen.
Eam is as Kraut aus-gschütt woan.	ihm ist jemand zu nahe ge-treten, er ist enttäuscht/ver-ärgert
fui zfui Gfui	viel zu viel Gefühl
a scheens Gwand	schöne Kleidung
Hoiz vor da Hüttn	stattliche Oberweite, die die Bayerinnen in ihren Dirndln zeigen
Griabig is dahoam!	Zu Hause ist es am gemütlichsten!
So sans, de Bayern.	So sind die Bayern eben.
Aus, Äpfe, Amen.	**Ende gut, alles gut.**

REGISTER VON A–Z

Damit Sie Rezepte mit bestimmten Zutaten noch schneller finden können, stehen in diesem Register zusätzlich auch beliebte Zutaten wie **Kartoffeln** oder **Rindsbriah** – ebenfalls alphabetisch geordnet und **hervorgehoben** – über den entsprechenden Rezepten.

D

E

F

L

M

N

O

P

Q

R

S

REGISTER NACH RUBRIKEN

SALATE, VORSPEISEN & SNACKS

SUPPEN, EINTÖPFE & BRÜHEN

BEILAGEN

AUFLÄUFE, GRATINS & PIKANTES GEBÄCK

VEGETARISCHES

MIT NUDELN, KARTOFFELN, GEMÜSE & KNÖDELN

MIT FLEISCH, GEFLÜGEL WURST & INNEREIEN

MIT FISCH & CO.

SÜSSES, KUCHEN & KLEINGEBÄCK

IMPRESSUM

DIE AUTORINNEN

Monika Schuster, die Rezeptautorin, ist gelernte Köchin und Küchenmeisterin. Sie leitete die Ladengastronomie des Feinschmeckerparadieses »Dallmayr« in München. Sie arbeitet als Foodstylistin und entwickelt Rezepte für zahlreiche Kunden. Bei GU ist von ihr unter anderem das mit einer Goldmedaille der GAD prämierte Buch »Niedrigtemperatur – Fleisch und Fisch sanft garen« erschienen.

Anna Cavelius ist freie Journalistin und Autorin – sie verfasste alle Reportagen. In München studierte sie Philosophie, und zum Sprachenstudium zog es sie nach Siena und Salamanca. Seit 1995 schreibt sie als Autorin alles rund um Gesundheits-, Lifestyle- und Kulinariathemen. Die Reportagen in dem GAD prämierten GU-Buch »Mein Himmel auf Erden« sind ebenfalls von ihr.

DER FOTOGRAF

Klaus-Maria Einwanger setzt in seiner **food art factory** vor allem im Süden von München und in London Foodthemen mal stylisch, mal emotional um. Das sieht man ganz deutlich auf den Foodfotos für unser Bayern-Kochbuch. Die besten Reportage-Motive fand er direkt vor seiner Haustür: auf dem Brünnstein, in Amerang und in Rosenheim... Unterstützt wurde er von **Martin Erd** und **Christian Koch.** Das Foodstyling der Gerichte übernahmen **Monika Schuster** und **Anka Köhler.** Ausstattung, Styling und Requisite zeigen **Alexandra Holzers** Ideenreichtum. Es assistierte **Mavie Hasenöhrl.** Die recht außergewöhnliche Bildbearbeitung trägt die Handschrift von **Christian Kempf.**

BILDNACHWEIS

Alle Fotos: Klaus-Maria Einwanger

Syndication:
www. jalag-syndication.de

Projektleitung: Sigrid Burghard
Redaktionsassistenz: Monika Bachmeier
Lektorat, Gestaltung, Satz/DTP: Redaktionsbüro Christina Kempe, München
Umschlag und Gestaltung: independent Medien-Design, Horst Moser, München
Illustrationen: André Gottschalk, Berlin
Herstellung: Susanne Mühldorfer
Korrektorat: Petra Bachmann
Versuchsküche: Anka Köhler, Küchenmeisterin, München
Repro: Longo AG, Bozen
Druck und Bindung: Firmengruppe APPL, Wemding

Umwelthinweis: Dieses Buch ist auf PEFC-zertifiziertem Papier aus nachhaltiger Waldwirtschaft gedruckt.

ISBN 978-8338-2631-3
1. Auflage 2012

www.facebook.com/gu.verlag

GRÄFE UND UNZER

Ein Unternehmen der
GANSKE VERLAGSGRUPPE

DAS ORIGINAL · GU · MIT GARANTIE

Unsere Garantie

Alle Informationen in diesem Ratgeber sind sorgfältig und gewissenhaft geprüft. Sollte dennoch einmal ein Fehler enthalten sein, schicken Sie uns das Buch mit dem entsprechenden Hinweis an unseren Leserservice zurück. Wir tauschen Ihnen den GU-Ratgeber gegen einen anderen zum gleichen oder ähnlichen Thema um.

Liebe Leserin und lieber Leser,

wir freuen uns, dass Sie sich für ein GU-Buch entschieden haben. Mit Ihrem Kauf setzen Sie auf die Qualität, Kompetenz und Aktualität unserer Ratgeber. Dafür sagen wir Danke! Wir wollen als führender Ratgeberverlag noch besser werden. Daher ist uns Ihre Meinung wichtig. Bitte senden Sie uns Ihre Anregungen, Ihre Kritik oder Ihr Lob zu unseren Büchern. Haben Sie Fragen oder benötigen Sie weiteren Rat zum Thema? Wir freuen uns auf Ihre Nachricht!

Wir sind für Sie da!
Montag–Donnerstag: 8.00–18.00 Uhr;
Freitag: 8.00–16.00 Uhr
Tel.: 0180-5 00 50 54*
Fax: 0180-5 01 20 54*
E-Mail:
leserservice@graefe-und-unzer.de

PS: Wollen Sie noch mehr Aktuelles von GU wissen, dann abonnieren Sie doch unseren kostenlosen GU-Online-Newsletter und/oder unsere kostenlosen Kundenmagazine.

GRÄFE UND UNZER VERLAG
Leserservice
Postfach 86 03 13
81630 München

*(0,14 €/Min. aus dem dt. Festnetz/Mobilfunkpreise maximal 0,42 €/Min.)

Monika Schuster

Gekocht und gegessen hat Monika Schuster schon immer gern. Nach ihrer Ausbildung zur Hotelfachfrau hat sie deshalb noch eine Lehre zur Köchin drangehängt, um sich anschließend noch zur Küchenmeisterin fortzubilden. Hier wurde sie wegen ihrer herausragenden Leistungen mit dem Bayrischen Staatspreis geehrt.
Das Schreiben von Rezepten und Kochbüchern betreibt Monika Schuster mit der gleichen Begeisterung wie das Kochen. Es ist nicht verwunderlich, dass sich daraus auch eine Leidenschaft für das Foodstyling entwickelt hat. Ihre Liebe zum Detail und das richtige Gespür für eine ansprechende Optik findet man auf jedem von ihr angerichteten Teller. Ihr Motto: Ein Foodfoto muss schmecken!
Der Profitipp von unserer Rezeptautorin: Das Wichtigste in der Küche ist a gscheids Handwerkszeug wie a scharfs Messer, ordentliche Töpf und Pfanna. Is des da, kummt garantiert was Gschmackigs aufn Tisch.
Weitere Infos über Monika Schuster finden Sie auf ihrer Homepage www.monika-schuster.de ▶

Und do dazua sogt da Bayer: Hoiz vor da Hüttn!

Foto: Sasa Putzar

Und do dazua sogt da Bayer: Griabig is dahoam!

Anna Cavelius

Den Großteil ihrer Kindheit verbrachte Anna Cavelius im schönen Oberbayern. Und hier lebt sie auch heute noch, zusammen mit ihren zwei Buam am Ammersee.
Als Kind einer Bayerin kennt sie sich bestens aus mit den bayrischen Gepflogenheiten, dem Charakter der Bayern sowie auch mit allen sprachlichen Eigenheiten. Weil ihr Vater ein sogenannter Zuagroasta ist, gelingt es ihr aber ganz leicht, Hochdeutsch-Sprechenden die bayrische Lebensphilosophie zu übersetzen. Ihre Liebe für Bayern und das nötige Geschick, diese auch zu vermitteln, spiegeln sich in allen ihren Reportagen für unser Bayernbuch wider. Noch dazu enthalten die bunten Geschichten zahlreiche Infos, die sicherlich nicht jeder kennt.
Ihr Glaubenssatz ist: Nur bairisch ren, wenn mas wirkli ko. Und dem Nachbarn am Tisch ruhig aa a moi erklärn, wia ma Weißwiascht richtig isst – nämlich ohne Haut! ◀

UND
GUAD IS
PFIAD EICH!
DES WARS
JEZAD